🔍 기획·tvN STORY 〈벌거벗은 한국사〉 제작진

과거의 어느 시간대로든 떠나, 우리나라 역사 속의 중요한 사건과 흥미로운 인물들을 만날 수 있는 '역사 스토리텔링' 프로그램을 만들었습니다. 우리 역사의 장면을 재밌고 흥미진진하게 전달하면, 여러분의 기억 속에 오래 남을 수 있을 거라는 생각으로 만든 것이 〈벌거벗은 한국사〉입니다.

🔍 글·이선영

대학원에서 공부를 마치고 어린이책을 만들기 시작했습니다. 어린이들 마음에 우리 문화와 역사를 뿌리 깊게 심어 주고, 우리 글의 소중함을 느낄 수 있는 책을 만들려고 애써 왔습니다. 쓴 책으로는 《사시사철 우리 놀이 우리 문화》《연지 곤지 찍은 우리 언니, 부케 든 우리 이모》《금줄 단 금동이네, 이름표 단 튼튼이》《저승으로 간 우리 할아버지, 하늘 나라로 간 우리 할아버지》《도대체 뭐라고 말하지? 말맛 글맛 퐁퐁! 의성어·의태어》《서울대 교수와 함께하는 10대를 위한 교양 수업 3》들이 있습니다.

🔍 그림·이효실

중앙대학교에서 한국화를 공부하고 영국 킹스턴 대학교에서 일러스트레이션을 공부한 뒤, 현재 어린이책 그림작가로 활동하고 있습니다. 차분하면서도 편안한 그림으로 아이들의 마음을 따뜻하게 담아냅니다. 《난 꿈이 없는걸》《쉿! 갯벌의 비밀을 들려줄게》《가족 바꾸기 깜짝 쇼》《좋아서 껴안았는데, 왜?》《부릅뜨고 꼼꼼 안전》《부릅뜨고 똑똑 표지판》을 비롯한 여러 어린이책에 그림을 그렸습니다.

🔍 감수·이상무

서울대학교 사범대학 교육학과 학사를 마치고 같은 대학교 대학원 교육학과에서 석사, 박사학위를 받았습니다. 한국교육개발원 부연구위원, 한남대학교 사범대학 교육학과 조교수를 거쳐 현재 한국학중앙연구원 한국학대학원 사회과학부 교육학전공 조교수로 일하고 있습니다. 조선 시대 학교 제도 및 과거 제도, 교육 정책 등이 주요 연구 분야였으며, 앞으로 더 많은 이들이 한국사를 재미있게 배우고, 함께 알아갔으면 하는 마음으로 tvN STORY 〈벌거벗은 한국사〉 프로그램에 출연했습니다. 공저로는 《미래교사를 위한 교육학개론》《이슈 중심의 교육학개론》들이 있습니다.

초등학생이 꼭 알아야 할 필수 한국사

벌거벗은 한국사

③ 조선의 명문 대학 성균관

기획 tvN STORY 〈벌거벗은 한국사〉 제작진
글 이선영 그림 이효실 감수 이상무

아울북

'이 땅에서 현재를 살아가는 우리, 이 땅에서 살았을 우리 조상들. 비록 살았던 시간은 다르지만 같은 땅을 딛고 산 수많은 사람들. 그들은 과연 어떤 삶을 살았을까?'
저희는 이러한 질문에서부터 시작했습니다. 그리고 이 궁금증을 어떻게 해결할 수 있을지 고민했습니다. 이런 고민 속에서 우리는 뜻을 모을 수 있었습니다.

〈벌거벗은 한국사〉는 과거행 특급 열차 히스토리 트레인 익스프레스(HTX, History Train Express)를 타고, 한국사 여행을 떠납니다. 반만년 우리 역사의 수많은 사건과 인물들이 있는 '역사의 현장'에 도착하지요. 그리고 그 뒤에 숨은 이야기를 벌거벗겨 봅니다.

많은 역사적 사실들은 어렵고 딱딱하고 접근하기 어려운 부분이 있지만, 역사의 현장감을 살린 쉽고 재미있는 스토리텔링 방식이라면 한국사를 부담 없이 즐길 수 있을 거예요.

이 책은 방송 프로그램에서 방영되었던 방대한 역사적 사건과 인물들 중 초등학생이 꼭 알아야 할 필수적인 이야기를 엄선했어요. 주인공들과 함께 HTX를 타고 과거로 가 생생한 현장을 마주하고, 매직 윈도우로 당시와 현재를 보면서 한국사를 낱낱이 벌거벗기는 여행을 합니다. 이 과정을 통해 어린이는 스스로 '역사 속 주인공'이 되어 몰입할 수 있어요. 역사 지식을 단순히 아는 것에서 나아가 사건과 인물이 처한 환경과 인과 관계까지 파악할 수 있어 역사적 사고력을 키울 뿐만 아니라, 올바른 역사의식도 세울 수 있지요.

그럼, 지금부터 한국사 여행 출발해 볼까요?

등장인물

HTX 기관사 한역사
이름에서 풍겨 나오는 역사의 냄새!
한국사를 꿰뚫고 있는 역사 선생님!
선생님이라고 말하지 않으면 옆집 아저씨 같다.
수일 동안 작업실에서 뚝딱뚝딱하더니
HTX 열차를 개발했다. 이쯤이면
역사 선생님인지 과학자인지 헷갈릴 정도!

HTX VIP 탑승객 이조선 교수
끼리끼리 만난다는 말의 표본!
한 쌤과 역사로 통하는 오랜 친구로,
특히 조선 역사라면
누구보다 할 말이 많다.

차례

등장인물 • 6
프롤로그 • 10

조선 최고의 인재 양성소, 성균관

- 1장 **조선 최고의 국립 교육 기관, 성균관** • 18
- 2장 **성균관 유생들의 기숙 생활** • 32
- 3장 **성균관 유생들의 공부법** • 64
- 4장 **성균관 유생들의 최종 목표, 대과** • 80
- 5장 **성균관의 권력과 쇠락** • 100

에필로그 • 116

1398	1501	1519	1545	1555
성균관 건립 (현 위치)	이황 탄생	기묘사화	을사사화	을묘왜변

세계사

1453 비잔티움 제국 멸망
1517 루터의 종교 개혁

<벌거벗은 한국사>
방송 시청하기
5회

역사 정보

❶ 시대 배경 살펴보기 • 122

❷ 인물 다르게 보기 • 124

❸ 또 다른 역사 인물들 • 126

• 주제 마인드맵 • 128

벌거벗은 한국사 퀴즈

• 성균관의 이모저모 편 • 130

• 과거 시험 편 • 132

• 정답 • 134

사진 출처 • 135

1560	1570	1592	1894	1930
이황 도산 서원 기거	이황 사망	임진왜란	갑오개혁	명륜 학원 설립

1789 프랑스 혁명   1894 청·일 전쟁

"얘들아, 안녕? 오랜만이에요! 그동안 잘 지냈나요?"

HTX에 타자 한 쌤이 반갑게 친구들을 맞이했어요.

"저는 그동안 역사 드라마를 많이 봤어요! 이번 열차를 타고 어디로 갈지는 모르지만, 전 어떤 주제든지 자신 있어요!"

여주가 의기양양하게 말했어요.

"난 체력을 더 키웠지! 기차 타고 가면서 달걀이랑 사이다를 먹을 거야! 하하!"

만세가 가방에서 먹을거리를 주섬주섬 꺼냈어요.

"쌤, 안녕하세요! 저는 한국사 여행을 하면 할수록 한국이 점점 더 좋아져요! 대한민국, 사랑해요! 아, 이번에는 어떤 주제를 만나게 될까?"

마이클이 두 손을 모아 쥐고 초롱초롱한 눈빛으로 말했어요.

"모두 이번 열차에서 만나게 될 주제가 궁금한 모양이에요! 두 번째 한국사 여행에서는 조선의 통치 제도에 대해 알아봤지요? 앞에서 조선이 어떻게 건국되고 통치되었는지를 알아봤으니, 이번 한국사 여행에서는 그 통치를 위해 필요했던 '이것'을 알아보고자 해요!"

"아, 정말 궁금하네! 쌤, 말만 뱅뱅 돌리지 말고 어서 주제를 말씀해 주세요!"

만세가 답답한지 가슴을 탁탁 치는 시늉을 했어요.

"만세야, 나는 이제 알 것 같은데! 후후, 매직 미러에 사진이 뜨면 내가 가장 먼저 말해야지!"

여주는 그 어느 때보다 자신만만한 표정을 지었어요.

"그래요! 어떤 주제가 나올지 우리 한번 알아볼까요? 매직 미러야, 주제를 보여 줘!"

"자, 지폐에 나온 인물이 누구인지 아는 사람?"
한 쌤이 묻자 여주가 식은 죽 먹기라는 표정으로 답했어요.
"저요! 퇴계 이황이요. 이봐, 내가 맞힐 거라고 했지?"
"정답이에요! 퇴계 이황이 누구인지는 다들 잘 알지요?"
한 쌤이 질문하자, 만세는 갑자기 팔 굽혀 펴기를 하며 딴청을 피웠어요. 그때 마이클이 조금 머뭇거렸어요.
"음, 그게, 퇴계 이황은 훌륭한 학자예요."
"맞아요! 퇴계 이황은 조선을 대표하는 학자이자 정치가이며 교육자였어요."
"그럼 이번 한국사 여행에서는 이황을 만나러 가는 건가요?"
만세가 아령을 들었다 놨다 하면서 물었어요.
"그렇다고 할 수 있어요. 그리고 또……."
한 쌤이 뜸을 들이자, 이조선 교수님이 말을 거들었어요.
"지폐 속 인물도 중요하지만, 그 뒤의 건물도 중요해요!"
"네? 이황 뒤에 있는 건물이요?"
마이클이 눈을 동그랗게 뜨며 물었어요.
"흠, 드라마에서 본 것도 같은데……. 혹시 성균관 아닌가요?"
여주가 고개를 갸우뚱거리며 물었어요.
"맞아요! 역시 역사 드라마를 즐겨 보는 여주답네요! 저기는 성균관이에요! 그런데 성균관은 무엇을 하던 곳일까요?"

"사극에서 보면 성균관에서 꽃미남 오빠들이 열심히 공부하던데. 조선 시대에 똑똑한 학생들이 다니던 학교 아닌가요?"
여주가 드라마를 머릿속으로 떠올리면서 말했어요.
"맞아요! 성균관은 조선 시대 최고의 국립 교육 기관이에요. 이황뿐 아니라, 당시 조선의 내로라하는 수재들이 대부분 성균관을 거쳐 갔지요. 조선의 수재들이 왜 성균관에 모였으며, 어떻게 공부했는지, 그 모든 성균관의 비밀을 벌거벗겨 보아요! 1527년 퇴계 이황이 입학했던 그날의 성균관으로 HTX, 출발!"
한 쌤이 힘차게 외치자 열차가 서서히 플랫폼을 출발했어요.

조선 최고의 인재 양성소, 성균관

조선 최고의 국립 교육 기관, 성균관

1527년, 이황이 공부하던 성균관의 강의실에 왔습니다!

여기는 아까 천 원짜리 지폐에서 봤던 명륜당이네?

드라마에서 꽃미남 오빠들이 공부하던 곳이야!

지금 우리는 1527년, 조선 시대 성균관에 도착했어요. 여기는 성균관의 강의실인 명륜당이에요. 조선의 수재들이 명륜당에 모여 날마다 유학을 배우고 익혔지요. 성균관은 조선 최고의 국립 교육 기관이었어요. 지금으로 따지면 국립 대학교라고 할 수 있어요. 그것도 한양에서 가장 좋은 대학교였지요.

성균관은 당대 최고의 수재들이 모여서 유학을 공부하던 곳이에요. 그리고 또 하나, 중요하고도 특별한 역할이 있었어요! 바로 제사를 모시는 일이었지요. 유학의 시조이자 상징이라 할 수 있는 공자를 비롯해 중국과 우리나라 성현들의 제사를 지냈어요. 이처럼 성균관은 교육 기관인 동시에 사당 역할도 했어요. 이 밖에 또 어떤 중요한 역할을 했는지 살펴볼까요?

오, 여기서 퇴계 이황이 공부했단 말이지요?

그럼요. 이제부터 진짜 흥미진진할 거예요!

공자 →

조선의 수재들을 교육한 성균관

조선의 최고 국립 교육 기관인 성균관은 언제 세워졌을까요? 성균관은 고려 시대에는 개성에 있었어요. 그러다 조선 태조 때 한양으로 수도를 옮기면서 성균관도 함께 옮겨 왔지요. 성균관은 새 도읍지의 행정 구역인 동부 12방 가운데 하나인 숭교방에 세워졌어요. 그곳이 바로 현재 위치한 종로구 명륜동 자리예요.

그러면 최초의 성균관은 어떻게 시작됐을까요? 고구려 372년 소수림왕 때 세워진 태학을 최초로 보기도 하고, 고려 992년 성종 때 세워진 국자감을 최초로 보기도 해요. 고구려의 태학은 중앙 귀족의 자제한테 유교의 경전과 문학 등을 가르치던 국립 교육 기관이었어요.

고려의 국자감은 나라에서 필요한 인재를 길러 내는 국립 교육 기관이었어요. 충렬왕이 국자감의 이름을 국학으로 고쳤다가 성균감으로 바꿨고, 뒤이어 충선왕이 성균감을 성균관으로 바꾸어 불렀지요. 어쨌든 나라의 교육 기관으로서 오랜 세월 이어져 온 성균관은 조선 시대에도 최고의 교육 기관으로 자리 잡았어요.

그렇다면 성균관(成均館)의 뜻은 무엇일까요? 성균관이란 이룰 성(成), 고를 균(均), 집 관(館) 자를 합친 말이에요. 이는 인재로서 아직 못다 이룬 목표를 이루고, 가지런하지 못한 것을 고르게 하며, 유학을 배우는 곳이란 뜻이에요.

그래서 성균관에 다니는 학생을 성균관 유생이라고 했어요. 유생이란 유학을 공부하는 학생을 말하지요. 성균관 유생들은 유학을 배우고 익히는 데 온 정성을 쏟아부었답니다.

유학은 공자를 시조로 하는 학문으로, 조선 시대를 이끌어 나간 사상이자 학문이에요. 공자는 지혜와 덕을 갈고

공자
중국 고대 사상가이자 학자로서 유교를 세우고 널리 퍼트렸다.

닦아 오래오래 본받을 만한 성인이 되는 것을 목표로 삼았어요. 또 서로 이해하고 사랑하는 마음으로 예절을 지키며 살고, 더 나아가 나라를 잘 다스리고 온 세상을 평안히 하는 것을 강조했지요.

성균관은 조선의 바탕이 되는 유학을 가르치는 조선 최고의 교육 기관이었어요. 따라서 조선에서 내로라하는 수재들만 입학할 수 있었어요. 소과 시험에 합격한 이들이나 유학에 뛰어난 사람들이 입학했지요. 이처럼 성균관은 조선에서 뛰어난 유생들이 유학을 배우는 학교였어요.

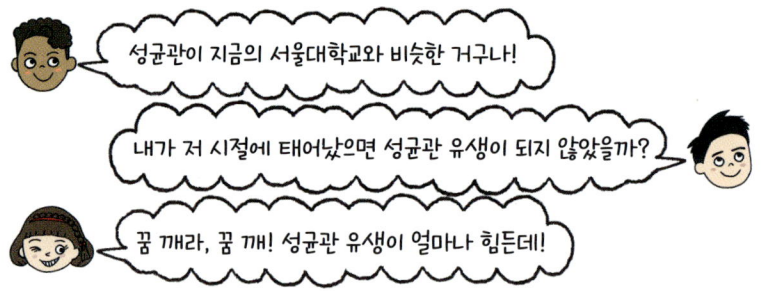

성균관이 지금의 서울대학교와 비슷한 거구나!
내가 저 시절에 태어났으면 성균관 유생이 되지 않았을까?
꿈 깨라, 꿈 깨! 성균관 유생이 얼마나 힘든데!

왕세자가 입학한 성균관

성균관이 조선의 최고 교육 기관이다 보니, 성균관에는 아주 특별한 학생이 입학하기도 했어요! 그 학생이 입학하는 날의 모습을 그림으로 한번 살펴볼까요?

↑ 〈왕세자 입학도〉

HTX VIP 한국사 보태기

입학식의 주인공은 왕세자

〈왕세자 입학도〉는 1817년 정조의 손자이자 순조의 아들인 효명 세자가 아홉 살이 되던 해에 성균관에 입학하는 모습을 그린 거예요. 그런데 그림을 살펴보면, 효명 세자의 모습은 온데간데없이 보이지 않아요. 왕세자는 어디 있었을까요?

당시에는 왕이나 세자의 얼굴은 고귀하다고 해서 그림으로도 그릴 수가 없었어요.

오늘 세자가 입학한다지?

아, 떨려! 입학식을 그리게 되다니!

그래서 효명 세자를 그리지 않고, 세자가 있던 자리만 그려 놓은 거예요. 명륜당 안에 노란 자리가 바로 효명 세자가 앉아 있던 곳이에요.

세자마마는 뵈었지만, 그림에 남길 수가 없구나.

자리를 자세히 살펴보면, 스승은 책상 위에 책을 놓고 있지만, 효명 세자는 무릎을 꿇고 바닥에 엎드려 가르침을 받았다는 것을 알 수 있어요.

놀라운 일이죠? 아무리 귀하디귀한 신분의 세자일지라도 이곳은 궁궐이 아닌 학교였기 때문에 몸소 스승과 제자의 예를 다했다는 사실을 알 수 있어요.

성균관에서는 성균관의 법도가 있지요.
네, 스승님!

성균관의 특별한 입학생은 바로 왕세자였어요! 왕세자가 성균관에 입학하던 날, 세자는 왕의 의복인 '곤룡포'를 벗고 성균관 유생들의 교복인 '청금복'을 입었어요. 그러고는 스승한테 가르침을 받는 평범한 학생이 되었지요.

↑ 곤룡포(왼쪽)를 벗고 청금복(오른쪽)을 입은 왕세자

그렇지만 세자가 성균관에 입학했다고 해서 성균관 유생들과 같이 공부했던 것은 아니에요. 세자의 교육은 궁궐에서 세자만을 위한 교육 기관인 '세자시강원'이라는 곳에서 담당했거든요. 세자는 당대 최고의 학자들에게 훌륭한 왕이 되는 데 필요한 지식과 자세를 특별히 교육받았어요.

그런데 왕세자는 성균관 유생들과 따로 공부했는데, 왜 굳이 성균관에 입학한 걸까요?

그 까닭은 바로 앞으로 왕이 될 왕세자 역시 유학을 배우는 학생이라는 것을 백성들한테 널리 알리고자 한 거였어요. 왕세자의 입학식이 있는 날에는 한양에 사는 백성들이 길거리로 몰려나와 왕세자의 입학 행렬을 구경했거든요.

입학식에서 왕세자는 유학에서 중요하게 여기는 부모와 자식, 임금과 신하, 선생님과 학생 사이의 도리를 몸소 보여 주었어요. 또 대성전에서 공자와 여러 성현들에게 술잔을 올렸지요. 어린 왕세자가 이렇게 정성껏 의식을 치르는 모습은 백성들한테 큰 모범이 되었어요.

장차 왕위에 오를 왕세자일지라도 배우는 학생이라는 사실만큼은 변함이 없기에 스승에 대한 예의를 깍듯이 갖춘 것처럼 유교의 가르침을 충실히 따르는 모습은 백성들에게 왕세자가 훌륭한 임금으로 자라리라는 기대를 품게 했어요.

성현들의 위패를 모신 성균관

성균관은 그 시대 최고의 학생들이 모여서 열심히 유학을 공부하는 곳이기도 했지만, 또 하나! 사당으로서 중요한 역할을 했어요.

성균관에 있는 대성전과 그 양옆으로 있는 동무와 서무에는 유학의 상징이라 할 수 있는 공자를 비롯해 중국과 우리나라 성현들의 위패가 모셔져 있답니다.

대성전에는 공자, 증자, 맹자, 안영, 자사의 5대 성인, 공자의 제자 10명, 송나라의 현인 6명, 한국의 성현 18명의 위패가 모셔져 있어요.

위패
죽은 사람을 기리려고 이름과 죽은 날짜를 적어 절이나 사당 등에 모시는 나무패

한국의 성현에는 신라 경덕왕 때 유학자인 설총, 고려 말기의 충신인 정몽주, 조선 전기의 문신이자 성리학자인 조광조, 조선 중기의 정치가이자 유학자인 퇴계 이황과 율곡 이이, 조

선 후기의 정치가이자 유학자인 송시열 등이 들어 있지요.

성균관에서는 어떤 제사 의식을 올렸을까요? 제사 의식 가운데 가장 큰 제사가 석전대제인데요. 일 년에 두 번, 봄과 가을에 공자를 모시는 사당인 문묘에서 제사를 지냈어요. 이 제

↑ 성균관 대성전 선성 선현 위패 봉안 위차도

- 5대 성인 위패
- 공자의 제자 위패
- 송나라의 현인 위패
- 한국의 성현 위패

사는 종묘 제례° 다음갈 정도로 커다란 국가 의례였어요.

> **종묘 제례**
> 역대 왕과 왕비의 위패를 모시던 사당인 종묘에서 치러진 조선 왕실에서 가장 크고 중요한 제사

그런데 성균관은 교육 기관인데, 왜 여기서 제사를 올렸을까요?

공자는 〈예기〉라는 경전에서 '예' 가운데 가장 중요한 것은 제사라고 했어요. 마음에서 우러나오는 것을 예로 받드는 것이 제사라고 했지요. 공자가 제사에 온 마음을 다하길 바랐던 것처럼 유교는 제사를 아주 중요하게 여겼어요. 이렇게 성균관은 교육 기관인 동시에 훌륭한 조상들의 제사를 지내는 사당 역할도 맡았답니다.

성균관에서 올린 대표적인 제사인 석전대제를 재현한 모습이에요.

우아! 정말 대단한 행사였군요!

사신을 맞이한 성균관

조선 시대에는 명나라 사신이 오면 이를 대접하기 위해 임금부터 신하, 한양에 사는 백성들까지 온 정성을 쏟았어요. 사신맞이와 관련된 일을 하는 사람 수가 어림잡아 수만 명이나 됐대요. 정말 그 규모가 엄청나지요?

그 당시 중국보다 힘이 약한 나라들은 중국에 조공을 보내고, 중국은 이들 나라의 지도자를 책봉해 주었어요. 이렇게 힘이 약한 나라가 힘이 강한 나라를 섬기는 것을 사대 관계라고 하지요. 조선도 명나라와 사대 관계에 있었어요. 1392년 7월 조선은 건국 직후에 명나라에 사신을 보내 태조 이성계의 즉위를 알리고 조공을 바쳐 사대의 예를 갖추었어요. 그 후로도 조선은 명나라를 정성껏 섬기고 있다는 것을 사신을 귀히 대접하는 모습으로 보여 주어야 했지요.

> **책봉**
> 왕세자, 왕세손, 국왕, 왕후 등의 작위를 내려 주는 것을 말한다.

거기에 성균관은 어느 정도 외교적인 역할을 맡았어요. 사신들은 종종 성균관을 방문해서 공자의 위패에 참배하고, 성균관을 둘러보았어요. 이는 중국 성현들의 가르침과 유교를 조선 왕실이 잘 따르고 있는지 확인해 보려는 것이었어요. 즉, 성균관에서 사신들은 중국의 교육과 문화를 전파하고 교류하는

셈이었어요.

　사신들은 문묘를 찾아가 예를 올린 뒤, 명륜당에서 젊은 유생들과 학문을 나누었어요. 함께 토론하거나 시나 글을 짓는 시험을 치게 했다고 하지요. 이때 시문이나 경전에 뛰어난 젊은 유생들이 관리들과 함께 사신들을 접대했대요.

　또한, 성균관 교관이 외교관처럼 명나라에 파견을 가기도 했어요. 이처럼 성균관은 교육 기관이자, 사당 기관이자, 외교의 장으로서 활약했답니다.

2장

조선 최고의 인재 양성소, 성균관

성균관 유생들의 기숙 생활

맞아요, 유생들은 여기서 먹고 자며 공부했어요.

여기는 어디지?

앗! 나 알아. 성균관 유생들이 생활하던 동재야.

여기는 지금 퇴계 이황이 생활하던 성균관 내 기숙사인 동재 앞이에요. 이황은 안동에서 태어나 열두 살 때 사서삼경을 배우기 시작했어요. 스무 살 때에는 사서삼경 가운데 가장 어렵다는 〈역경〉을 공부하느라 밤낮없이 책에 빠져 지냈지요. 그러다가 주변의 권유로 한양에 올라와 스물일곱 살 때 성균관에 입학했어요.

성균관에 입학하려면 일정한 자격이 필요했어요. 보통 소과 시험에 합격한 이들이 많이 입학했지요. 이황은 과거 시험 중 소과의 초시에 합격하여 성균관에 들어갈 수 있었어요.

이황이 몸담았던 성균관에서 유생들은 어떻게 생활하고 공부했을까요? 유생들의 일상을 따라가 보아요!

엄청난 경쟁률을 뚫고 입학한 유생들

성균관 유생이 되기는 무척 힘들었어요. 최고의 교육 기관인 만큼 입학 자격이 까다로웠거든요. 성균관 입학 자격은 〈경국대전〉이라는 책에 나와 있어요. 〈경국대전〉은 조선 시대에 나라를 다스리는 데 기준이 되었던 법전이지요.

성균관 입학생의 대부분은 소과 시험에 합격해서 생원이나 진사가 되어 들어온 사람들이었어요. 나머지는 사학의 학생들로 시험을 보고 들어오거나 아버지나 할아버지가 공을 세운 신하거나 높은 관리일 때 그 공덕으로 들어온 사람들이었지요. 또 사학 학생 가운데 열다섯 살 이상으로, 〈소학〉과 사서오경에 뛰어난 사람이 입학할 수 있었어요.

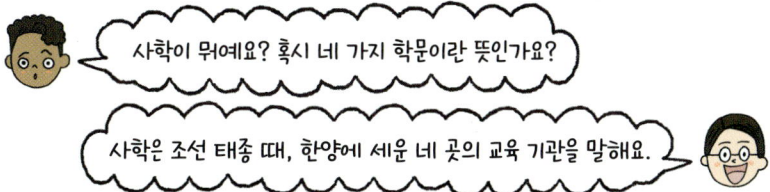

사학이 뭐예요? 혹시 네 가지 학문이란 뜻인가요?

사학은 조선 태종 때, 한양에 세운 네 곳의 교육 기관을 말해요.

성균관에 입학한 유생들은 다들 대과 시험을 목표로 열심히 공부했어요. 대과 시험에 합격하면 나라의 높은 관료가 될 수 있었지요.

이렇듯 성균관은 학식을 갖춘 사람들을 모아 나라의 기틀이 되는 유학을 가르쳐 나라를 다스리는 데 필요한 인재를 길러 냈던 교육 기관이라는 것을 알 수 있어요.

소과 시험을 수능이라고 한다면, 대과 시험은 공무원 시험이라고 볼 수 있어요.

또한, 이황을 포함해 입학생들 대부분이 양반가의 자제들로 이루어져 있었어요. 성균관에 입학할 자격을 갖추려면, 공부에 집중할 수 있는 환경이 돼야 했기 때문에 양반가의 자제들이 많았던 것이지요.

그렇다면 성균관의 한 해 입학 정원은 몇 명이었을까요? 처음에는 전국에서 150명만 뽑았다가 1429년 세종 때 200명으로 정원을 늘렸대요. 전국의 유생들 가운데 150~200명만 뽑았기 때문에 그 경쟁률이 아주 대단했어요. 이렇듯 조선 팔도에서 모인 성균관 유생들은 엄청난 수재였어요! 여기서 퀴즈!

드라마라서가 아니라, 왠지 성균관은 나이 제한이 없었을 것 같아.

 오, 마이클 말이 맞아요! 입학 연령은 열다섯 살 이상이었지만, 쉰 살의 유생도 있었으니 나이 제한은 없었어요. 사오십 대는 심심치 않게, 60대 이상은 간혹 볼 수 있었지요.

 성균관 유생들의 평균 나이는 30대였다고 해요. 관직에 진출한 나이를 보면 말이에요.

 와! 성균관 유생들 사이에도 세대 차이가 났던 거 아니에요?

 그러게 말이야! 그런데 성균관에는 오래 머무를 수가 있었나 봐요?

 유생들은 한 번 성균관에 입학하면 대과에 합격할 때까지 성균관에 머무를 수가 있었어요. 그래서 어린 유생들뿐만 아니라, 대과에 연거푸 떨어져서 나이가 지긋해진 유생들까지 그 연령대가 다양했답니다.

넓고도 다양한 기관이 모인 학교, 성균관

성균관에 첫발을 디딘 이황은 96칸으로 지어진 넓디넓은 성균관을 보고 깜짝 놀랐어요. 유생 수에 견주어 건물이 꽤 많았기 때문이에요.

성균관은 1395년 태조 때부터 공사가 시작되어 3년 만에 대성전과 명륜당 등의 건물이 완성되었어요. 태종 때 변계량이 지은 문묘 비석에는 성균관이 96칸으로 이루어져 있다고 적혀 있어요. 하지만 그 뒤로도 건물들이 더 지어졌으니까 훨씬 더 큰 규모였을 거예요.

성균관은 크게 사당 역할을 하는 문묘 구역과 학교 역할을 하는 명륜당 구역으로 나뉘어요. 대성전을 중심으로 동무와 서무가 있는 공간이 문묘 구역이고, 명륜당을 중심으로 동재와 서재가 있는 공간이 명륜당 구역이에요. 그 밖에 성균관에는 다양한 역할을 하는 건물들이 딸려 있었지요.

기숙사인 동재와 서재에는 방이 총 28개가 있었어요. 한 방에서 4~6명이 함께 지냈는데, 주로 고향이나 당파가 같은 사람끼리 모여 있었대요. 보통 동재에는 생원들이, 서재에는 진사들이 살았어요.

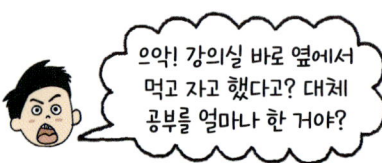

하지만 조선 후기에 붕당 사이의 다툼이 심해지면서 성균관 유생들 사이에도 편이 갈라졌어요. 이 시기에는 동재에는 소론 유생이, 서재에는 노론 유생이 살기도 했답니다.

 **HTX VIP 보태기**

권력 다툼을 벌인 붕당 정치
조선 중기 이후에 나타난 정치의 모습을 붕당 정치라고 해요. 붕당은 학문과 정치 면에서 뜻을 같이하는 사람들끼리 뭉친 모임을 말하지요. 한편이 된 관리들은 다른 당을 비판하며 서로 권력을 차지하려고 다투었어요.

그런데 유생들이 모두 다 동재와 서재에서 지냈던 것은 아니에요. 더러 혼자서 조용히 공부에 집중하고 싶은 유생이나 형편이 넉넉한 유생은 성균관 근처의 마을에 방을 잡고 지내기도 했어요.

조선 시대의 성균관은 어떤 모습이었을까요? 1747년 영조 때 만들어진 〈태학계첩〉에는 성균관의 시설들이 어떻게 배치되어 있었는지를 알 수 있는 〈반궁도〉가 실려 있어요. 이 그림을 보면 성균관이 얼마나 넓고 다양한 기관들이 모인 교육기관인지 알 수 있어요. 그럼 〈반궁도〉를 한번 살펴볼까요?

반궁은 조선 시대에 성균관을 달리 부르던 이름이에요. 반궁은 제후의 나라에 설치한 대학이라는 뜻인데, 반원 모양의 못에 둘러싸인 학교라는 뜻도 있어요.

성종 때 성균관 건물들을 다 지은 뒤, 성균관 둘레에 개울을 반달 모양으로 흐르게 하고서 다리를 놓았대요. 이 물길을 반수라고 해요. 성균관에는 성현들의 위패가 모셔져 있는 데다 유생들이 공부를 하는 중요한 곳이기에 반수를 두어 주변 지역과는 다른 경건하고 신성한 공간임을 표시한 것이지요.

이처럼 나라에서 공들여 성균관을 지었던 것은 성균관을 통해 유교를 굳건히 하고 뛰어난 인재를 길러 내려는 목표가 있어서였어요.

유생들을 기다리는 혹독한 신고식, 신방례

성균관에 새로 입학하는 유생을 신참 또는 신래, 신접이라고 불렀어요. 신참은 입학하면 알성이라는 인사를 꼭 해야 했어요. 대성전에 모신 성현들한테 절을 함으로써 인사를 올리는 일이었지요. 이황도 신참이 됐을 때 알성을 했답니다.

그리고 재학생과 선배인 선진들이 서로 매일 아침 인사를 나누는 상읍례도 있었어요.

어려운 과정을 뚫고 들뜬 마음으로 성균관에 들어온 신참들은 알성과 상읍례를 마치고도 마음을 놓을 수가 없었어요. 바로 신방례라는 신고식이 그들을 기다리고 있기 때문이었어요! 공식적인 행사는 아니지만, 신참이 꼭 거쳐야 하는 통과 의례 같은 거였지요. 이는 이황에게도 예외가 아니었어요.

그런데 문제는 이 신방례가 엄청나게 혹독했다는 거였어요!

신입생 환영식이 뭐 이래! 정말 너무하잖아!

선진들이 신참한테 짓궂은 장난을 치거나 말도 안 되는 과제를 내어 망신 주는가 하면, 먹을거리를 과하게 요구하기도 했어요. 때로는 선진들이 입학을 축하한다는 핑계로 신참의 집에 쳐들어가서 잔치를 요구하기도 했어요. 잔치 비용을 마련하기가 힘든 가난한 신참들은 성균관 입학을 포기하기도 했답니다. 이처럼 선진들은 혹독한 신고식을 통해 신입생들의 기를 누르려고 했어요.

우리가 알고 있는 위인 중에 특히 입학하자마자 마음고생이 심했던 인물이 있어요. 바로 이황 다음으로 성균관에 입학한 율곡 이이랍니다. 이이는 열세 살에 진사가 되는 1차 시험에 합격한 천재였어요. 그래서 이이가 성균관에 입학했을 때 주변이 아주 떠들썩했지요.

그러한 기쁨도 잠시, 이이가 알성을 하려고 대성전에 들어갔을 때 한 선진이 이이를 기다리고 있었대요. 지금으로 말하면 학생회장 격인 장의, 민복이 말이에요.

민복은 이이에게 거드름을 피우며 말했어요.

"너는 중이니까 공자님께 인사드릴 자격이 없어!"

그런데 민복은 왜 이이한테 중이라고 놀리며 인사를 못 올리게 막았을까요? 그 까닭을 알려면 이이가 성균관에 들어오기 전으로 돌아가야 해요.

이이는 열세 살 때 진사 초시에 합격해서 일찌감치 신동으로 이름이 자자했어요. 그런데 열여섯 살 때 어머니 신사임당이 죽자, 삼년상을 치른 뒤 금강산으로 들어갔어요. 어머니의 죽음 때문에 크나큰 충격을 받아 불교에 빠져든 거였어요.

불교는 조선 시대 이전까지 우리나라의 종교 및 사상의 중심이었어요. 그러니 불교를 쉽게 접할 수가 있었지요.

비록 이이가 승려로 지낸 기간은 일 년 정도밖에 안 되었지만, 잠시나마 불교를 가까이했던 것이 문제가 된 거예요. 유학을 떠받들던 선진들이 보기에는 짧은 시간이었지만 불교에 빠져 중까지 된 이이가 얼마나 못마땅했을까요? 그래서 날이 저물 때까지 이이가 공자한테 인사를 올리지도 못하게 막았대요.

HTX VIP 보태기

유교는 높이고 불교는 억누른 숭유억불(崇儒抑佛)

조선은 유교 국가였기 때문에 유교를 나라의 기본 정신으로 삼았어요. 왕에서부터 백성에 이르기까지 유교의 가르침대로 살게 했지요. 그리고 그동안 믿어 온 불교를 억압했지요. 이것이 바로 숭유억불 사상이에요. 숭유억불은 높을 숭(崇), 선비 유(儒), 누를 억(抑), 부처 불(佛) 자를 합친 말로, 말 그대로 유교는 높이고 불교는 억누르자는 말이에요. 이 사상은 불교를 믿는 고려 귀족들의 세력을 누르고자 펼쳐진 정책이기도 했어요.

훗날 이이는 임금인 선조와의 대화에서 혹독한 신고식이 벌어진 까닭을 이렇게 설명했어요.

"고려 말에 과거 시험이 공정하지 못해 권세 높은 집안의 자식들이 성균관에 쉽게 들어왔지요. 그런데 그들이 아버지의 권세만 믿고 선배들에게 버릇없이 굴다 보니 문제가 많아서……. 아마도 이런 일들을 바로잡고자 선진들이 신참들에게 혹독한 신고식을 치르게 한 것이 점점 관습으로 굳어진 듯합니다."

나라에서도 신방례에 문제가 있다는 것을 알 정도로 상황이 심각했지만, 선진들의 잘못된 관행을 완전히 막지는 못했대요. 어쨌든 신방례는 갓 들어온 신참한테는 넘어야 할 커다란 산과도 같았어요.

이 밖에도 성균관에는 다양한 풍습이 있었어요. 그 가운데 면책례라는 풍습이 있었는데, 요즈음으로 말하자면 선배가 후배한테 하는 갑질 같은 거였어요. 선진은 마음에 들지 않는 신참에게 면책*을 선언하고 괴롭혔어요.

선진이 어떤 신참에게 면책을 선언하면, 어린 노비인 직동들이 나서서 그 유생을 둘러싸고 망신을 주었어요. 직동들은 작은 발로 유생을 걷어차고 괴롭혔어요. 노비들이 양반인 유생한테 수치를 안겨 준 것이지요. 하지만 이렇게 안 좋은 풍습들은 차츰 사라져 갔어요.

> **면책**
> 선배가 후배를 불러 얼굴을 앞에다 두고 꾸짖는 일이다.

북소리에 맞춰 하루를 시작하는 유생들

신방례를 무사히 마친 성균관 유생들의 하루는 기숙사에 걸려 있는 북이 울리는 소리와 함께 시작되었어요. 동재와 서재에서 일하는 노비들이 새벽마다 북을 치면서 유생들의 잠을 깨웠지요.

입학식 날의 고단함에 깊은 잠이 들었던 이황도 북소리를 듣고 눈을 번쩍 떴어요.

이황의 방 앞에서 세숫대야를 들고 있던 노비가 말했어요.

"세수하시오!"

이황은 노비가 떠다 준 물로 세수를 하고, 두 번째 북소리에 맞춰 의복을 갖춰 입고 책을 읽었어요.

얼마 뒤, 다른 노비가 세 번째 북을 치며 말했어요.

"인사하시오!"

이황은 명륜당 앞뜰로 나와서 유생들과 서로 마주 본 채 두 손을 높이 들고 허리를 굽혀 인사했어요. 그러고는 식당으로 들어갔지요. 곧이어 식당에서 일하는 노비가 출석부인 도기를 가져와 유생들한테 내밀며 말했어요.

"이름을 쓰시오!"

이황은 도기의 우물 정(井) 자 모양의 표에 이름을 쓰고는 서명했어요. 이것이 바로 출석했는지 안 했는지를 확인하는 절차였어요.

그런데 왜 하필 수업 시간도 아닌데, 생뚱맞게 식당에서 출석을 확인했을까요? 당시 성균관 유생들한테 식당에서 밥을 먹는다는 것은 매우 중요한 일이었어요. 유생들은 하루에 아침

저녁으로 두 번을 출석해서 원점 1점을 받았거든요.

이렇게 꼬박 300일을 먹어서 300점이 채워지면, 유생들에게 성균관 최대의 특권이 생겼답니다. 바로 대과 1차 시험 가운데 성균관 유생들에게만 따로 합격 인원이 주어진 관시를 볼 수 있는 특권이었어요.

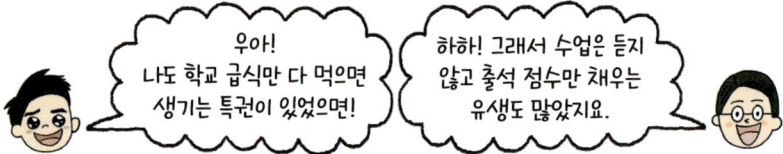

출석 점수를 통해 유생의 성실함을 알 수 있었겠죠? 하지만 성균관 기숙사의 방이 유생 수보다 충분하지 않아서, 출석이 불가능하기도 했어요. 이런 경우에는 성균관 주변에 있는 마을에 거주하는 것만으로도 원점을 인정해 주었어요.

성균관 식당에서 다 같이 밥을 먹는 일은 오늘날의 학교 급식 문화라고 볼 수도 있어요. 성균관에서의 급식은 나름의 규칙을 가지고 있었고, 체계적으로 관리되었어요.

어쨌든 식당에 자리를 차지한 유생들은 질서 있고 차분하게 밥을 먹어야 했어요. 함부로 먼저 수저를 들 수도 없었어요. 모든 유생들이 식사할 준비가 되면, 북을 치던 노비들이 말했어요.

"밥을 드시오!"

노비의 외침을 듣고 식사를 시작한 유생들은 식사를 마치고도 함부로 일어날 수가 없었어요.

"자리에서 일어나시오!"

노비가 소리친 뒤에야 유생들은 자리에서 일어났어요. 식사를 마친 뒤, 하루 수업이 시작되는 북소리가 울리면 유생들은 명륜당에 모여 본격적인 공부를 시작했어요.

오전과 오후 수업을 마치면, 유생들은 기숙사로 돌아와서 그날 배운 것을 다시 공부했어요. 이처럼 하루의 대부분을 공부로 보냈기 때문에 과로로 쓰러져 죽는 일까지 일어났대요.

하지만 그렇다고 유생들이 날마다 공부만 한 것은 아니었어요. 조선 정조 때 이긍익이 펴낸 역사책 〈연려실기술〉에는 유생들이 해마다 여름과 겨울에 '궐희'라는 작은 축제를 열었다고 나와요. 궐희는 일종의 대궐 벼슬놀이였어요.

이 작은 축제에서 유생들은 신하가 되어 공자를 왕으로 모셨어요. 유생들은 조정에서 회의하는 모습을 따라 해 보기도

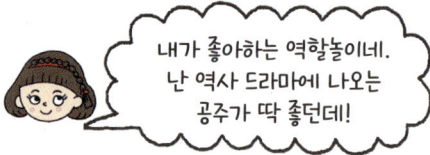

하고, 유생들끼리 과거 시험을 보기도 했대요. 때로는 정치를 개혁할 방안을 크게 써서 대성전 뜰에 붙이기도 했지요.

또, 술 마시는 일과 관련된 풍습도 있었어요. 집을 떠나온 지 오래된 유생들은 매월 9일마다 창문을 열어 성균관 서북편 언덕의 망향대를 올려다보면서 술을 한잔 마셨대요. 망향대 한 번 보고 술 한 모금을 마시면서 쓸쓸한 마음을 달랬던 것이지요. 또 때때로 망향대나 그 아래의 벽송정을 찾아가 고향에 대한 그리움을 달래거나 유생들끼리 토론을 벌이면서 술잔을 기울였대요.

한편 성균관 유생들에게는 휴가도 있었어요. 공부와 시험에 시달리는 유생들도 한 달에 두 번, 8일과 23일에는 빨래를

하거나 부모님을 찾아뵐 수 있게 휴가를 주었지요. 이때 유생들은 집에 다녀오거나 볼일을 보러 외출했어요.

성균관 유생의 하루는 대과 시험에 합격하여 성균관을 떠나는 그날까지 이렇게 날마다 달마다 반복되었어요.

성균관 생활의 특권과 규율

성균관 유생들은 입학과 동시에 엄청난 혜택을 누렸어요. 이황 역시 특별한 대우를 받았지요. 최고의 교육 기관답게 기숙사

비용과 등록금, 공부에 필요한 학용품까지 전부 공짜였어요. 또 이런저런 일을 대신해 줄 노비까지 내려 주었지요.

유생들은 노비들이 아침에 북소리로 깨워 주는 것부터 세숫물을 떠다 주고 청소까지 해 주니 생활에 불편함이 없었대요. 그리고 식사 때마다 노비들이 음식도 차려 주었어요.

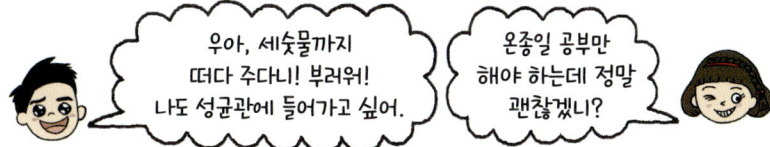

또한, 그동안 구하기도 어렵고 비싸서 못 보았던 귀중한 책들이 존경각에 가득했어요. 거기서 유생들은 마음껏 책을 읽으며 공부의 날개를 활짝 펼쳐 나갔어요.

이처럼 성균관은 유생들이 공부에 집중하기 정말 좋은 환경이었어요. 게다가 먹고 자는 것부터 등록금, 학용품, 노비까지 모두 공짜였으니 유생들에게 얼마나 인기가 많았을까요?

그리고 가장 큰 특권은 높은 관직에 나아갈 수 있는 시험 기회가 있었다는 거예요. 앞에서 말했듯이 식당에서 밥을 먹고 차곡차곡 300점을 모으면, 성균관 유생들에게 따로 인원이 배정된 특별 시험인 '관시'를 볼 수 있었어요. 게다가 성균관 유생들만 볼 수 있는 과시라는 시험도 있었지요.

이처럼 특별한 기회가 많았던 성균관 유생들은 성균관 밖에서 공부하는 유생들보다 벼슬길에 오를 기회가 더 많았지요. 출세에 뜻이 있는 선비라면 성균관에 가고 싶어 하는 건 너무나 당연한 욕심이었어요.

또한, 임금이 유생들한테 가끔 특별한 선물을 내리기도 했어요. 과연 어떤 선물들이었을까요? 임금이 내린 선물의 종류는 무척 다양했어요. 진귀한 책을 선물로 주기도 하고, 종이와 붓, 먹 같은 학용품을 주기도 했어요. 그리고 산돼지, 생선인 대구와 준치 같은 특별한 음식을 나누어 먹으라고 내리기도 했지요. 또 돈을 주기도 하고, 항아리와 말 같은 다양한 선물도 주었어요.

임금이 유생들한테 선물을 주었다는 것은 장차 나라에 필요한 인재가 될 성균관 유생들을 특별히 아꼈다는 뜻일 거예요. 이런 특권이 주어진 만큼 유생들은 엄격한 규칙을 지켜야 했어요. 유교의 가르침에 어긋나는 행동을 하면 절대 안 됐지요.

성균관 유생들은 노비들이 치는 북소리에 맞춰 규칙적으로 생활했어요. 밥을 먹을 때도, 공부할 때도, 스승님에게도, 유생들끼리도 언제나 예의를 갖추어야 했지요. 또한, 항상 사서오경만을 읽어야 했고, 도교나 불교와 관련된

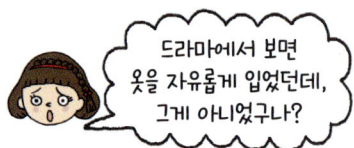
드라마에서 보면 옷을 자유롭게 입었던데, 그게 아니었구나?

책을 읽어서는 안 되었답니다.

그리고 성균관 유생들은 항상 청금복을 입어야 했어요. 청금복은 맑고 깊은 푸른색을 띠는 포견에 흑선을 두른 옷이에요. 성균관 유생들의 교복인 셈이지요. 1411년 태종 때 처음 만들어졌는데, 세월이 흐르면서 그 형태와 종류가 다양해졌답니다. 유생들은 청금복을 성균관 안에서뿐 아니라 밖에서도 항상 입어야 했어요.

조선 후기의 화가 단원 김홍도가 그린 〈그림 감상〉이라는 작품을 보면, 유건을 쓰고 청금복을 입은 성균관 유생들이 그림을 감상하는 모습을 볼 수 있어요.

↑ 김홍도가 그린 〈그림 감상〉

하지만 몇몇 유생들은 청금복이 하급 관리인 서리의 옷과 비슷하다며 수업이 끝나면 알록달록한 사복으로 갈아입었대요. 게다가 부유한 유생들은 고급 비단으로 청금복을 맞춰 입고 값비싼 가죽신을 신었지요. 이를 본 성종은 크게 화가 나서 대사성˚을 불러 꾸중했어요.

> **대사성**
> 조선 시대 성균관의 으뜸 벼슬로 정삼품의 관직이다. 유학과 문묘의 관리를 맡아 보았다.

"유생이 청금복을 입는 걸 부끄러워하다니! 그러고도 저들이 이 나라의 유생이란 말이냐! 앞으로 청금복을 입지 않는 자는 엄벌에 처하겠노라!"

그래서 성균관에서는 화려하게 차려입은 유생들을 내쫓아 본보기를 보이기도 했어요.

하지만 그래도 유생들의 옷차림은 달라지지 않았어요. 결국 성종은 성균관 밖에서 모자인 유건은 안 써도 좋으니 청금복만은 잘 지켜 입으라고 부탁을 하게 되었대요.

또, 방학이 없는 대신 달마다 이틀 휴가를 갔는데,

성균관 유생들은 이 기간에도 마음껏 여유를 부릴 수가 없었어요. 쉬라고 휴가를 주는 것이 아니라, 그 시간에 공부하라는 뜻이 더 컸기 때문이에요. 만약 휴가 동안 공부 대신 활쏘기나 장기, 바둑, 낚시 같은 놀이를 하다가 걸리면 벌을 받거나 쫓겨날 수도 있었어요.

그런데 이것이 끝이 아니에요! 나라에 불만을 이야기하거나 권력자에게 아부하거나 술과 여자에 빠져도 벌을 받았어요. 심지어 절개를 굽히거나 자랑하거나 교만과 사치를 부려도 벌을 받았어요. 그리고 유학에서 강조하는 사람이 지켜야 할 다섯 가지 도리인 오륜˙을 지키지 않아도 벌을 받았지요.

한편 유생들에게 내리는 벌에는 성균관에서 이름을 빼내어 쫓아내는 삭명, 잘못한 유생의 이름을 누런 종이에 써서 붙이는 부황 등이 있었어요.

일반적이지는 않지만, 스승을 모욕하거나 부녀자를 희롱하는 등의 매우 커다란 잘못이 있을 때에는 몽둥이로 볼기를 치거나 유배를 보내기도 했어요. 하지만 잘못을 뉘우치고 고치면 다시 돌아올 수 있게 해 주었지요.

이처럼 성균관 유생들은 특별한 대우를 받았지만, 열심히 공부해야 했고 엄격한 규율을 지키며 생활해야 했어요.

여기서 퀴즈!

> **오륜**
> 유학에서 사람이 지켜야 할 다섯 가지 도리로 부자유친, 군신유의, 부부유별, 장유유서, 붕우유신이 있다. 부모와 자식은 사랑, 임금과 신하는 의리, 부부는 구별, 어른과 아이는 차례와 질서, 친구는 믿음이 있어야 한다는 것을 말한다.

Q 성균관 유생들이 받았던 특별 대우 또 하나! 왕이 특별 시험을 보는 유생들에게 아주 귀한 것을 나누어 준 일이에요. 왕은 어떤 선물을 주었을까요?

 저요! 성균관 드라마에서 봤어요.

 넌 정답을 아니까 이번 퀴즈 정답은 나한테 양보하는 게 어때?

 알았어. 그럼 너희 둘이 어디 한번 맞혀 봐!

 선생님, 힌트 좀 주세요!

힌트? 음, 제주도와 관련된 음식이란다.

 그렇다면 제주도 특산품인가? 은갈치, 옥돔? 아니면 오메기떡? 감귤초콜릿?

 아휴, 누가 지금 너 먹고 싶은 거 말하래!

 흠, 제주도는 귤이 유명하긴 하지만, 진귀한 음식 같지는 않은데……

네, 딩동댕! 정답이에요!

아니, 귤이 정답이라고요?

 맞아요! 임금은 유생들한테 귤을 나누어 주었어요.

 그런데 귤이 왜 귀해요? 지금은 흔하잖아요!

 그 당시 귤은 임금한테 진상으로 올리던 귀한 음식이었어요. 제주도인 탐라에서 올라온 진상품이었지요.

 임금이 진상된 황감을 성균관과 사학 유생들에게 나누어 주고 치른 시험을 황감제라고 해요. 성적이 우수한 학생은 하급 관리로 임명되거나 대과 급제에 해당하는 혜택을 받기도 했어요.

3장 조선 최고의 인재 양성소, 성균관
성균관 유생들의 공부법

여기는 도서관인 존경각이에요.

오! 성균관의 보물이 여기 다 모여 있겠어!

책벌레 유생들이 좋아하던 곳이네!

여기는 성균관의 도서관인 존경각이에요. 책 읽기를 좋아하던 이황이 자주 머무르던 곳이지요. 이황은 공부하다가 모르는 것이 생기면 존경각에 와서 다양한 책을 읽으며 깊이 공부했어요. 존경각에는 사서오경을 비롯해 경전과 역사책, 고전 등이 약 1만 권이나 있었거든요.

성균관 유생들은 적어도 몇 년 동안은 사서오경을 중심으로 아홉 개나 되는 과목을 공부해야 했어요. 그것은 이황도 마찬가지였어요. 독서광이었던 이황과 조선의 내로라하는 수재들은 어떻게 그 많은 책들을 익혀 내 것으로 만들었을까요?

↑ 〈논어언해〉

강경, 제술 그리고 자기 주도 학습

수업 시간이 되면 대사성을 비롯한 여러 교관이 명륜당에 앉아 있었어요. 유생들은 줄지어 서서 교관한테 허리 숙여 인사를 드렸지요. 그런 뒤 유생들은 자기가 배워야 할 단계를 맡은 담당 교관을 찾아가 다시 마주 보며 인사했어요.

이제 인사를 마쳤으니 본격적인 수업이 시작될 차례예요! 수업은 유생들의 수준에 맞게 이루어졌어요. 그래서 유생마다 학습 진도가 다 달랐답니다!

 **HTX VIP 보태기**

9단계로 배우는 성균관의 교육법, 구재법

성균관의 교육 과정을 구재법이라고 해요. 구재법은 유생들이 익혀야 할 책인 사서와 오경을 9단계로 나누어서 교육하는 방법을 말해요. 사서 중 하나인 〈대학〉을 시작으로 해서 〈논어〉, 〈맹자〉, 〈중용〉을 공부한 뒤 오경인 〈예기〉, 〈춘추〉, 〈시경〉, 〈서경〉, 〈역경〉을 차례대로 공부했어요. 뒤로 갈수록 공부가 점점 더 어려워졌답니다.

그런데 성균관의 수업은 어떤 방식으로 이루어졌을까요? 드라마에서 보면 유생들이 경전을 암송하거나 글을 짓는 장면을 많이 볼 수 있는데, 성균관에서도 이 두 가지 방식이 주로 쓰였어요. 바로 강경과 제술이라는 방법이지요.

강경은 유교의 경전을 읽고 그 내용을 외우고 해석하는 공부 방법이에요. 제술은 자기 생각을 글로 표현하는 글짓기나 논술 같은 것이었지요.

유생들은 수업에 들어가기 전 예습해 온 것을 교관 앞에서 확인받았어요. 이때 어려웠거나 궁금했던 것을 묻고 토론하기도 했지요. 그러고는 다음 시간에 공부해 와야 할 부분을 교관과 함께 읽어 보면서 진도를 나갔어요. 교관들이 책의 몇 구절을 읽고 뜻을 풀이해 주면, 유생들이 따라 읽으며 나머지 부분을 혼자서 암송했지요.

또, 유생들은 글을 한 달에 서너 편 정도 지었어요. 교관이 내준 문제에 맞게 글을 써내면, 다음 날 교관이 유생들의 글을 확인했지요. 글을 지을 때는 깨끗하고 바른 글씨로 뜻이 잘 통하면서도 깔끔하게 지어야 했어요.

오전에 강경이나 제술 수업을 마치고 나서는 그날 배운 내용을 잘 이해했는지 평가하는 일강 시험이 기다리고 있었어요. 일강은 배운 글이나 들은 말을 날마다 교관 앞에서 외는 일을 말하지요. 그런데 모든 유생이 일강 시험을 본 것은 아니었어요. 교관은 유생들 가운데 몇 명만 뽑아서 배운 부분을 잘 익혔는지 확인했어요.

만약 유생이 배운 내용을 잘 외우고 뜻풀이까지 완벽히 했다면 교관은 '통'을 주었어요. 그 반대라면 '불통'을 받았지요. 불통을 받게 되면 유생들 앞에서 벌을 받거나 회초리를 맞았

어요. '통'과 '불통'은 유생들의 성적을 평가하는 등급 같은 거였어요. 통과 불통 사이에는 여러 단계가 있었답니다.

일강까지 치르고 하루 수업이 끝나면, 유생들은 동재와 서재로 돌아와 또다시 그날 배운 것을 공부했어요. 이처럼 성균관 유생들은 철저하게 각자 스스로의 힘으로 공부했지요.

일강, 순제, 월강 그리고 절일제 시험

성균관 유생들은 날마다 달마다 해마다 다양한 시험을 치렀어요. 일강(일고), 순제(순고), 월강(월고), 절일제 등 다양한 시험을 보았지요.

일강은 날마다 수업을 마치기 전에 보는 강경 시험이고, 순제는 10일에 한 번씩 보는 글짓기 시험이었어요. 월강은 매달 끝 무렵에 한 번 보는 강경 시험이고, 절일제는 1, 3, 7, 9월에 치르는 제술 시험이었지요.

일강과 순제는 교관들이 유생을 평가하는 것으로, 평가 결과를 기록해 두었다가 나중에 과거 시험에 참고했어요. 그래서 유생들끼리도 점수를 잘 받으려고 치열하게

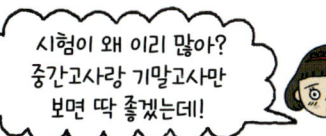

경쟁했답니다. 월강은 매달 한 번 유생들한테 경전을 읽고 뜻을 풀이하게 해서 나온 성적을 등수로 기록했지요.

절일제는 유생들한테 가장 중요한 시험이었어요! 유생들한테 문제를 주고 글을 짓게 했는데, 성적이 우수한 유생 몇 명한테는 특별히 대과 시험의 첫 단계인 초시를 건너뛰게 해 주었거든요. 이들은 그 혜택으로 두 번째 단계인 회시를 바로 치를 수 있었어요.

성균관 유생들이 치른 여러 가지 시험의 결과는 연말에 합산되었어요. 성적이 우수한 사람은 추천을 받아 하급 관리로 임명되기도 하고, 사실상 대과 급제에 해당하는 혜택을 주기도 했어요.

성균관 유생들은 저마다 시험을 잘 치르기 위해 밤낮으로 열심히 공부했어요. 그런데 시험 범위가 너무 넓다 보니 해도 해도 공부가 끝이 없었지요. 그러다 보니 무리한 공부로 시름시름 병을 앓다가 죽는 유생들이 가끔 생겨났어요.

나라에서는 귀한 인재들이 공부하다가 죽어 가는 꼴을 그냥 두고 볼 수 없었겠지요? 그래서 성균관 기숙사인 동재 끝에 약방을 두고 의원을 보내서 유생들을 돌보게 했대요.

여기서 퀴즈!

> 성균관에서 특히 열심히 공부했던 유명한 인물이 있어요. 바로 중종 때의 문신이자 유학자인 조광조예요. 대쪽 같은 성품으로 유명한 조광조가 동무들한테 건강을 위해 권한 행동이 있었대요. 이 네 글자 행동은 무엇일까요?

흠, 공부 때문에 힘들 때는 재미있는 역사 드라마를 보는 게 딱인데! 유생들은 어떻게 스트레스를 풀었을까?

영차, 영차! 보나 마나 건강에 좋은 운동을 하라는 거 아니겠어?

조광조는 대쪽같이 곧은 성격이라니까 왠지 '바른 자세'의 사나이였을 것 같아요.

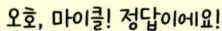
오호, 마이클! 정답이에요!

꺅! 제가 맞혔다고요?

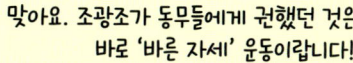
맞아요. 조광조가 동무들에게 권했던 것은 바로 '바른 자세' 운동이랍니다!

또한, 함부로 말하지 않고, 평소에도 의복을 단정히 하고, 혼자 방에 있을 때라도 단정한 자세로 앉아 있어야 한다는 '바른 자세 운동 캠페인'을 벌였대요.

반복과 정독 그리고 완독

성균관의 교육 과정인 사서오경을 다 익히려면 얼마나 오래 걸렸을까요? 학생마다 차이는 있었지만 보통은 〈대학〉을 처음부터 끝까지 다 읽으려면 1개월쯤 걸렸고, 〈논어〉와 〈맹자〉는 각각 4개월, 〈중용〉은 2개월, 〈시경〉, 〈서경〉, 〈춘추〉는 각각 6개월, 〈예기〉는 7개월, 〈역경〉은 7개월이 걸렸어요.

그래서 사서오경을 모두 공부하려면 어림잡아 3년 7개월이 걸렸어요. 물론 학생마다 진도가 다 달랐기에 모든 사람이 같은 시기에 같은 책을 공부한 것은 아니었어요.

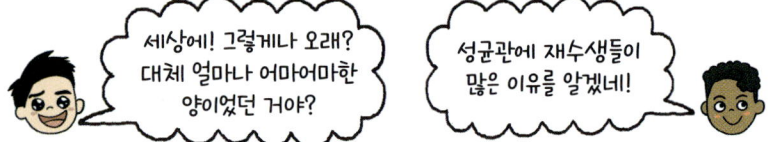

그런데 유생들은 이 많은 내용을 어떻게 읽고 머릿속에 차곡차곡 집어넣었을까요?

첫 번째 방법은 반복이었어요. 유생들은 밤낮으로 반복 또 반복해서 책을 읽었지요. 한 번 보아서는 무슨 말인지 잘 몰라서 책을 밤낮으로 읽고 또 읽었어요. 그래서 책을 읽은 횟수를 세는 물건까지 있었어요. 이것을 서산이라고 하는데, 홈이 팬 부분의

　종이를 젖히면 안에 하얀 종이가 보였어요. 책을 한 번 읽을 때마다 눈금의 종이를 하나씩 젖혔지요. 그리고 눈금을 모두 젖힌 뒤에는 다시 접으면서 읽은 횟수를 세었답니다.

　두 번째 방법은 정독이었어요. 유생들은 그저 반복 또 반복해서 책을 읽기만 했던 것이 아니었어요. 글의 뜻을 하나하나 깊이 있게 헤아리며 읽었지요.

　이황 역시 정독가였어요. 책을 읽을 때 여러 권씩 많이 읽는 것을 다독이라고 하는데, 이황은 다독보다는 글의 뜻을 새겨 가며 자세히 읽는 정독과 뜻을 깊이 생각하면서 읽는 완독을 가장 중요하게 여겼어요.

또한, 이황은 책을 읽을 때 늘 이렇게 말했대요.

"책을 읽을 때 어찌 장소를 가리겠느냐!"

이 말은 손에서 책을 놓지 말고 어디에서든지 책과 가까이하라는 말이에요. 이황은 어릴 때부터 책을 가까이한 독서광이었어요. 열두 살 때 벌써 〈논어〉를 배우기 시작한 데다 책을 늘 곁에 두고 열심히 읽은 결과, 열아홉 살 때 만 권에 이르는 책을 읽게 되었대요.

이황처럼 성균관을 나와 훌륭한 학자가 된 인물들은 모두 독서광이었어요. 대표적인 인물로 율곡 이이와 다산 정약용이 있지요. 두 위인은 어떤 독서법을 중요하게 여겼을까요?

조선 시대 최고의 학자였던 율곡 이이는 책을 읽으면 반드시 몸으로 실천해야 한다고 주장했어요. 책을 입으로만 읽지 말고 마음으로 이해하며 읽어야 한다고 했지요. 게다가 책을 읽는 사람은 반드시 무릎을 꿇고 앉아서 손을 단정히 모은 채 공경하는 마음으로 책을 대해야 한다고 했어요.

다산 정약용은 정독가이자 수백 권의 책을 쓴 작가였어요. 정약용은 책을 읽을 때 그저 읽기만 한다면 하루에 천 번 백 번을 읽어도 읽지 않은 것과 같다고 했어요. 즉, 한 글자라도 확실하게 그 뜻을 알아야 한다고 했지요. 그러려

> 정약용 드라마를 본 적이 있는데, 그는 유배지에서도 늘 책을 읽고 글을 썼지.

퇴계 이황의 독서법

책을 읽을 때에는 마땅히 그 뜻을 밝히는 데 힘써야 한다. 말과 문자에만 매달리는 공부가 되어서는 안 된다.

- 〈수신십훈〉

율곡 이이의 독서법

만약 입으로만 읽어서 마음에 담지 않고 몸으로 실천하지 않는다면, 책은 책대로 나는 나대로일 것이니 무슨 유익이 있겠는가?

- 〈격몽요결〉

다산 정약용의 독서법

세상에 도움이 되는 책은 단락마다 이해하고 구절마다 깊이 따져 읽어라. 독서를 대낮의 창가에서 졸음을 쫓는 방패막이로 삼아서는 안 된다.

- 〈여유당전서〉

면 모르는 것이 나왔을 때 그냥 넘어가지 말고 호기심을 가져야 하며, 그 궁금증을 파헤치다 보면 더 많은 지식을 얻게 된다고 했어요.

　그리고 성균관을 다녔던 이름난 독서가가 한 명 더 있어요. 바로 조선 중기의 유명한 시인인 백곡 김득신이지요. 김득신은 어릴 때 아팠던 탓에 머리가 그다지 좋지 못했어요.

　하지만 피나는 노력을 하면 원하는 바를 이룰 수 있다고 생각해서 책을 수없이 읽고 또 읽었다고 해요. 사마천의 〈사기〉 가운데 〈백이전〉은 11만 1천 번을 읽었고, 다른 책들도 1만 번 이상 읽었대요. 김득신의 끈기가 참으로 놀랍지요?

어느 날, 김득신이 말을 타고 어떤 집 앞을 지나가다가 글 읽는 소리를 듣고 발걸음을 멈추었대요. 그러면서 어떤 글귀인지 생각이 안 난다고 하자, 곁에 있던 하인이 〈백이전〉의 한 구절이라고 알려 주었대요. 〈백이전〉을 어찌나 반복해서 읽었던지 하인마저 저절로 외우게 된 거예요.

앞에서 살펴본 여러 위인들은 모두 입을 모아 한 권의 책을 읽더라도 정독하라고 강조하고 있어요. 이렇게 성균관 유생들은 책을 수없이 반복해서 정독하며 읽었답니다.

그리고 성균관 유생들만의 독서 규칙이 있었어요!

암송과 토론 그리고 기록

유생들은 주로 책을 읽을 때 눈으로만 읽은 것이 아니라, 입으로 암송 또 암송하며 학문을 익혔어요. 또 유생들끼리 모여서 주거니 받거니 하면서 경전을 외우기도 했지요. 이처럼 아침부터 밤까지 성균관에는 사서삼경을 암송하는 소리가 끊이지 않았어요.

또한, 성균관 유생들은 모여서 토론하기를 즐겨 했어요. 서로 모르는 것을 묻고 답하며 실력을 쌓아 나갔지요.

그리고 한 가지 더! 유생들은 기록하며 읽었어요. 모르는 것이나 더 알고 싶은 것이 생기면 적어 두었다가 존경각에 가서 찾아보면서 그 궁금증을 풀었거든요. 아니면 수업 시간에 교관한테 물어보거나 토론하면서 궁금증을 풀었지요.

조선 시대에 기록을 잘하기로 이름난 학자가 있었어요. 바로 정약용이에요!

정약용은 기록의 대가였어요. 그 덕분에 수많은 책이 탄생했지요. 자신이 배운 것들을 글로 남기면 한 권의 책을 읽어도 백 권의 책을 읽는 것과 같다고 했어요.

정약용은 형 정약전과 함께 책을 쓰면서 수없이 서로에게 질문하고 대답하는 과정을 거쳤어요. 형제가 서로 의견이 다를 땐 토론하면서 생각을 모았지요. 형제는 자기 생각을 종이에 적어 틈이 날 때마다 보며 고민했다고 해요.

공부하는 방식은 예나 지금이나 별다를 게 없는 것 같지요? 밤낮으로 유생들이 책을 손에서 놓지 않았던 태도나 마음가짐은 현재를 살아가는 우리한테도 똑같이 필요한 모습이니까요.

어쩌면 더 치열했던 조선 시대 성균관 유생들의 공부 태도 속에서 우리는 어떻게 공부해야 하는지에 대한 해답을 찾을 수 있을 거예요!

4장 — 조선 최고의 인재 양성소, 성균관
성균관 유생들의 최종 목표, 대과

오, 누가 장가를 가나 봐요.

저건 장원 급제 행차야. 드라마에서 본 적이 있어.

맞아요! 누군가 대과 시험에 합격한 뒤 고향으로 돌아가는 모습이에요.

성균관 유생들은 대과 시험을 목표로 공부했어요. 대과 시험에 합격해 나라의 높은 관료가 되는 것이 꿈이었지요. 하지만 이황은 그저 학문이 좋아서 한 공부이기에 연거푸 과거에서 떨어졌어요.

이황은 성균관에 입학한 지 얼마 지나지 않아 고향으로 내려갔다가 1528년 진사 복시에 합격했어요. 그러고는 다시 성균관에 돌아와 공부하지만, 벼슬에 큰 욕심이 없던 터라 학문에 열중하고자 다시 고향으로 돌아가지요. 그러다가 이황은 결국 다시 성균관으로 돌아와 1534년 대과에 당당히 합격했어요! 성균관 유생들이 간절히 합격하기를 바랐던 '대과'는 과연 어떤 시험이었을까요?

성균관에 들어오기 전의 교육

성균관에 들어오려면 어떤 교육 기관을 거쳐야 했을까요? 맨 처음에는 서당에 다녔어요. 서당은 조선 시대에 초등 교육을 맡아 했던 사립 학교라고 할 수 있어요. 유학의 중요성이 커지면서 전국 곳곳에 서당이 생겨났지요.

조선 시대에 서당은 가장 널리 퍼져 있던 교육 기관이었어요. 다산 정약용은 서당의 실태에 대해 이렇게 말했지요.

"한 고을에 마을이 수십 개가 있는데, 네다섯 마을마다 반드시 서재가 하나씩 있다."

서당은 글방 또는 책방, 서재라고도 불렸어요. 오늘날의 초등학교와도 같았던 서당은 어떤 곳이었을까요?

서당 입학은 보통 일고여덟 살 때 했는데, 배움에 대한 열정만 있다면 조금 나이가 많아도 들어갈 수 있었어요. 서당을 마치면 대부분 나이가 열대여섯 살쯤 되었지요.

서당 선생님을 훈장이라고 불렀는데, 주로 마을에서 학문이 높은 학자나 과거에서 떨어진 선비들이 되었어요.

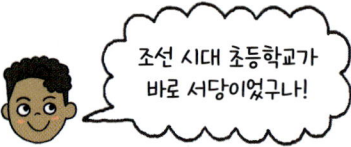

조선 시대 초등학교가 바로 서당이었구나!

서당에서는 한자를 익힐 수 있는 〈천자문〉과 유교의 가르침과 역사를 배울 수 있는 〈동몽선습〉, 성현들의 보물 같은 가르침을 엮은 〈명심보감〉 같은 책을 가르쳤어요. 똑똑한 학생들은 사서삼경을 읽기도 했지요.

　서당 수업은 읽고 암송하고 쓰는 방식으로 이루어졌어요. 하루에 백 번 이상 읽고 암송한 것을 이튿날 훈장 앞에서 평가받았지요. 또 시와 문장을 짓고, 글자 쓰기 연습도 했어요. 그 모든 과정에는 유교에서 말하는 인성 교육이 밑바탕 되었답니다. 공부가 힘들다고 게으름을 피우면 훈장한테 호되게 혼이 났어요.

↑ 김홍도가 그린 〈서당〉

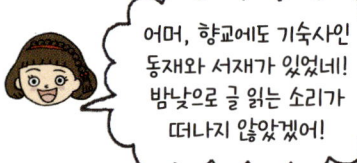

어머, 향교에도 기숙사인 동재와 서재가 있었네! 밤낮으로 글 읽는 소리가 떠나지 않았겠어!

서당을 마친 학생들은 향교나 사학에 들어갔어요. 이는 나라에서 세운 교육 기관으로 지방에는 향교, 한양에는 사학이 있었지요. 향교에는 성균관처럼 공자한테 제사를 지내는 문묘가 있고, 명륜당, 동재, 서재 등의 건물이 있었어요. 향교에서 제사를 지내다 보니 향교가 마을 문화의 중심이 되었지요. 향교는 열일곱 살부터 마흔 살까지의 노비를 제외한 남자가 입학할 수 있었어요.

사학은 다른 말로 사부 학당이라고도 하는데, 서울의 중앙과 동쪽, 서쪽, 남쪽에 각각 하나씩 있었어요. 양인 출신 이상이면 들어갈 수 있었고, 〈소학〉과 사서오경을 공부했지요.

이처럼 서당을 졸업한 학생들은 향교와 사학에서 경전을 읽고 글짓기 공부를 하면서 시험을 준비했어요.

 **HTX VIP 보태기**

지방에 세운 사립 학교, 서원
성균관에 다니지 않는 학생들은 어떤 학교에 다녔을까요? 바로 서원과 향교예요. 서원은 향교와 같이 지방 교육 기관이에요. 성균관과 향교는 나라에서 세운 교육 기관이지만, 서원은 사립 학교라는 점이 달라요.
서원에 입학하는 데 필요한 자격은 성균관과 비슷했어요. 하지만 굳이 생원이나 진사가 아니더라도 초시 합격자나 공부에 의지가 있고 품성과 행동이 바른 유생이라면 들어갈 수 있었지요. 주로 양반가의 자제들이 입학했어요.

성균관 유생이 되어 치른 대과 시험

성균관에는 전국 팔도의 선비들 가운데 소과 시험에 합격한 사람들이 주로 입학했어요. 입학 이후, 성균관 유생들은 최종 목표인 대과 시험을 향해 달려갔지요. 대과 시험에 합격하면 종6~9품의 벼슬자리에 오를 수 있었어요.

그런데 소과와 대과는 대체 어떤 시험이었을까요?

우선 조선의 과거 제도는 크게 문관을 뽑는 문과, 무관을 뽑는 무과, 기술직 관리를 뽑는 잡과로 나뉘어 있었어요. 이 가운데 관리를 뽑는 데 가장 큰 공을 들이는 분야가 바로 문과였어요.

↑ 문관 ↑ 무관

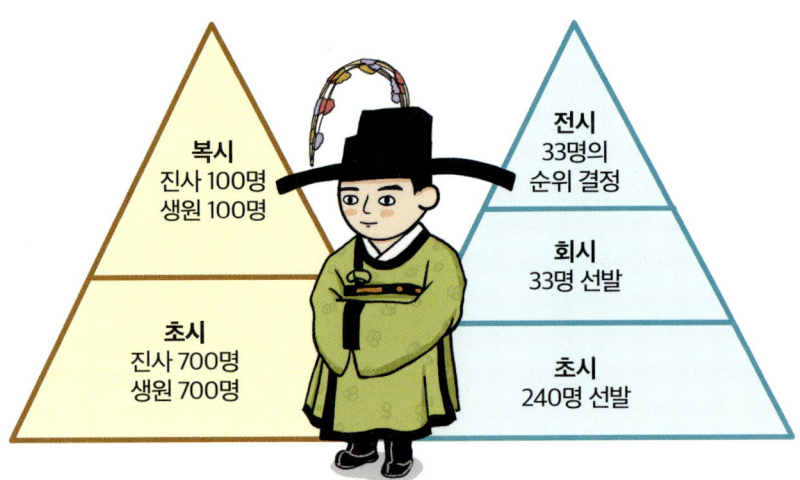

↑ 소과와 대과 선발 과정

　문과는 크게 소과 시험과 대과 시험으로 나뉘어요.

　소과는 생원과 진사를 뽑는 시험이라고 해서 생진과라고도 불리지요. 2차 시험에서 생원과 진사를 각 100명씩 뽑았어요. 생원은 유교 경전을 잘 외워서 시험에 합격한 사람을 이르는 말이고, 진사는 글을 잘 지어서 합격한 사람을 이르는 말이에요.

　소과는 1차 시험과 2차 시험으로 나뉘었는데, 기본기를 확인하는 초시를 통과하면 2차로 복시를 치렀어요. 초시와 복시 모두 시험 과목이 생원시와 진사시로 나뉘었어요. 초시와 복시까지 합격하면, 비로소 생원 또는 진사라고 불렸지요.

소과에 합격하면 백패라는 합격증을 주었어요. 하얀 종이에 검은 글씨로 합격한 사람의 직위, 성명, 합격 등급, 성적 순위 등을 적고 연월일을 쓴 다음 어보˙를 찍었지요.

어보
국권의 상징으로 국가 문서에 사용하던 임금의 도장

소과에 합격하면 성균관에 입학할 수 있는 자격뿐만 아니라, 하급 관리로 뽑힐 수 있는 자격도 주어졌어요. 또 선비로서도 어엿하게 인정받게 되었지요.

대과는 오늘날의 사법 고시나 행정 고시와 같이 상당히 어려운 시험이었어요. 고급 문관을 뽑는 가장 높은 단계의 시험이었지요. 이 대과를 문과라고 부르기도 한답니다.

조선 시대에는 3년마다 한 번씩 정기적으로 과거가 치러졌어요. 이를 식년시라고 하지요. 이때 대과에서는 약 33명을 최종 합격자로 뽑았어요. 합격자가 매우 적은 편이지요? 따라서 소과보다 훨씬 더 복잡하고 어려운 과정을 거쳐야 했어요.

대과 시험은 초시, 회시, 전시 순으로 세 단계에 걸쳐서 치러졌어요. 1차 시험인 초시에서 240명을 뽑은 뒤 2차 시험인 회시에서 33명을 뽑았지요. 이 33명 안에 뽑히면 대과 시험에 거의 합격한 거예요!

회시에 합격한 33명은 전시를 치렀어요. 전시는 33명 가운데 누가 뛰어난지

대과 합격하기가 하늘의 별 따기네!

↑ 백패와 홍패

를 왕 앞에서 가리는 시험이랍니다. 간혹 답안지를 규격에 맞게 써내지 못해 전시에서 떨어지는 경우도 있었어요. 대과에 합격하면 합격증인 홍패를 주었어요. 홍패에는 소과 합격증인 백패와 다르게 붉은 종이에 이름과 성적, 등급이 적혀 있었어요.

전시에서 일등 하는 것을 장원 급제라고 해요. 문과의 경우, 장원이면 종6품의 관직을 주었지요. 장원 급제한 사람은 임금이 내린 알록달록한 어사화를 모자에 달고서 신나게 고향으로 향했답니다.

그런데 이황도 젊은 시절에는 과거에 세 번이나 연거푸 떨어져서 스트레스를 받았대요. 하루는 이황이 시험에서 떨어지고 집에 있는데, 누군가가 부르는 소리가 들렸대요.

"이 서방!"

보통 양반가 자제한테는 이 서방이라고 부르지 않았어요. 서방은 벼슬이 없는 사람 성 뒤에 붙여 부르는 말이었거든요. 이황은 놀라 자신을 부르는 게 아닐까 하고 뒤돌아보았대요.

그런데 알고 보니 하인을 부르는 소리였다고 하네요. 이때의 마음이 이황의 수제자 김성일이 쓴 〈학봉전집〉에 남아 있어요.

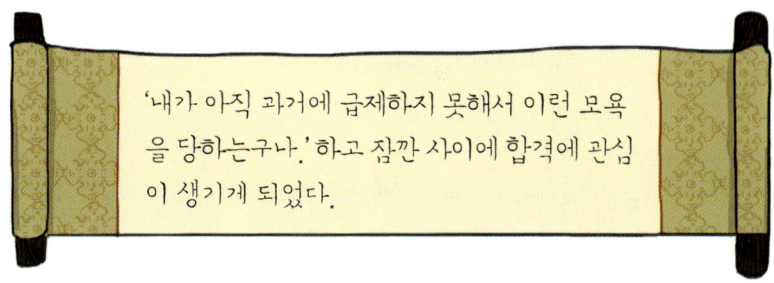

'내가 아직 과거에 급제하지 못해서 이런 모욕을 당하는구나.' 하고 잠깐 사이에 합격에 관심이 생기게 되었다.

시험에 떨어져서 한껏 풀이 죽은 이황이 혼자서 뜨끔했던 거였어요. 조선의 위대한 학자, 퇴계 이황마저 이렇게 과거 시험 때문에 고통받았다니, 정말 대단한 시험이었나 봐요!

그 후 이황은 열심히 공부해서 스물여덟 살에 소과에 당당히 합격하고, 서른네 살에는 대과 시험까지 합격했대요. 그 뒤 이황은 1552년 성균관 대사성에 오르는 등 여러 중요한 관직을 두루 거쳤어요. 그러다 이황은 이런저런 이유로 오랜 관직

HTX VIP 한국사 보태기

과거 시험의 종류

조선 시대에는 정기적으로 3년마다 한 번씩 치러지는 식년시 외에도 다양한 특별 시험이 있었어요. 나라에 경사가 있거나 특별한 이유가 있을 때 왕의 명령에 따라 시험이 치러졌지요. 증광시, 별시, 정시, 알성시 같은 시험들이었어요.

증광시 임금이 즉위하는 등 나라에 큰 경사가 있을 때 치른 시험이에요.

별시 병자년처럼 '병(丙)' 자가 들어간 해나 나라에 경사가 있을 때 치른 시험이에요.

나는 병인년 별시를 통해 관직에 올랐다오.

정시 나라에 경사가 있을 때 궁궐 안에서 본 시험이에요. 합격자를 그날 발표했어요.

정시의 '정(庭)' 자는 궁궐을 뜻해.

알성시 임금이 성균관의 문묘에 참배한 뒤 치른 시험이에요. 시험장에서 바로 합격자까지 발표했지요.

생활을 접고 마침내 고향으로 내려갔어요. 그리고 도산 서원에서 꿈꾸던 학문 연구와 제자 양성에 힘을 쏟았대요.

대과 시험은 전국에서 33명만 뽑는 거라서 경쟁률이 어마어마했어요. 종종 치러지는 특별 시험도 마찬가지였지요. 1800년 정조가 세자의 책봉을 기념하기 위해 특별 시험을 열었는데, 응시자가 무려 11만 명가량 되었대요. 그 가운데 합격자는 단 10명뿐이었고요.

> 와, 그럼 경쟁률이 11,000 : 1이나 되는 거야? 아이돌 오디션보다 더 어렵잖아!

조선 시대에 권력을 잡고 싶은 사람들은 과거를 볼 수밖에 없었어요. 아버지가 아무리 권세가 높아도 아들이 과거 시험에 합격하지 못하면, 그 아들은 높은 관리가 될 수 없었거든요. 만약 아들, 손자, 증손자가 계속 합격하지 못할 경우, 그 집안은 힘을 잃을 수밖에 없었어요.

반면 집안 배경이 없는 사람일지라도 과거에 합격하면 가문을 일으킬 기회가 생겼어요. 지금처럼 직업이 다양하지 않은 시대였기 때문에 출세하려면 과거에 합격하는 것이 거의 유일한 방법이었지요. 그러니 시험에 수많은 사람이 몰렸고, 당연히 경쟁률은 뜨거워질 수밖에 없었어요.

수많은 응시자 가운데 아주 적은 인원만 뽑으려니, 시험 문제는 당연히 까다롭고 어려웠어요! 여기서 퀴즈!

Q 과거 시험 문제를 책문(策問)이라고 했어요. 이는 꾀 책(策)과 물을 문(問) 자를 합친 말로, 꾀를 물어본다는 뜻이에요. 책문에 대한 대답은 무엇일까요?

 내가 알 것 같아. 정답은 바로 '꾀답'이오!

 현명할 현(賢)에 답할 답(答) 자를 합친 현답(賢答)이 아닐까요?

 아, 너무 어려워!

힌트 하나 줄까요? 일상생활에서 매우 많이 쓰이는 말이에요. '책문에 대한 대답'이란 말 속에 답이 있지요.

 정답! 대책이요!

오, 맞아요! 꾀를 물어봤으니 똑소리가 나는 꾀로 대답해야겠지요? 과거 시험 문제에 대한 대답을 뜻하는 것이 바로 '대책(對策)'이에요.

그리고 모든 대책을 눌러 버릴 정도로 가장 뛰어난 답지를 '압권(壓卷)'이라고 해요. 압권은 '위의 책이 아래 책을 누른다'는 뜻으로 특별히 잘 지은 글을 뜻한답니다.

조선을 뒤흔든 부정행위 사건, 기묘과옥

　조선 시대의 과거 시험장은 난장판이라는 말이 나올 정도로 어지러웠대요. 난장판은 여러 사람이 어지러이 뒤섞여 떠들어 대거나 뒤죽박죽 엉킨 곳을 말해요. 선비들이 뒤죽박죽 엉켜 어지러운 과거 시험장의 모습을 묘사한 것이죠. 얼마나 부정행위가 많았으면 이런 말이 나왔을까요?

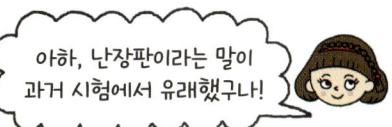

　과거는 나라에서 정한 시험 문제에 맞추어 답안을 써 내려가는 방식으로 진행됐어요. 문제는 시험 문제가 너무 어려웠다는 거예요! 게다가 답안을 적을 때에는 정해진 형식에 맞춰서 논리적이면서도 자세하고 길게 적어야 했어요. 그리고 글씨도 반듯반듯 정성을 다해 써야 했지요.

　이렇듯 시험이 너무나 어려웠기에 오랫동안 공부를 했어도 합격은 하늘의 별 따기였어요. 그러다 보니 시험 날 곳곳에서 부정행위를 하는 사람이 생겨났지요.

　조선 시대 사람들은 어떤 방법으로 부정행위를 했을까요? 가장 흔한 방법은 예상 문제집을 소매에 숨겨 오거나 긴 도포 자락에 답을 적어 와서 시험 중간에 몰래몰래 훔쳐보는 거였어요.

HTX VIP 한국사 보태기

과거 시험 속 부정행위

과거 시험이 몹시 어렵다 보니 부정행위를 해서라도 어떻게든 합격해야겠다는 사람들이 많아졌어요. 부정행위의 방법도 해가 갈수록 다양해졌지요. 조선 시대 사람들은 어떻게 부정행위를 했을까요?

1. 예상 답안지 숨기기 작전

붓대나 붓두껍, 콧구멍에 쪽지를 숨기거나 부챗살에 예상 답안을 적어 오기도 했어요.

2. 눈치작전과 과감한 부정행위

어깨 너머로 남의 답을 훔쳐보거나 소곤소곤 답을 알려 주는 눈치작전부터 답안지 바꾸기, 대리 시험, 담 너머로 답안지 받기 같은 과감한 부정행위도 일어났어요.

그 밖에 정말 다양한 부정행위가 있었는데, 한번은 이런 희한한 일도 있었어요. 1705년 숙종 때, 한 여인이 과거 시험이 열리는 성균관 반수당 안에서 나물을 캐다가 땅에서 비쭉 삐져나온 노끈을 발견한 거예요.

"응? 이게 뭐지?"

여인이 있는 힘껏 노끈을 끌어당기자, 대나무 통이 쑥 하고 딸려 나왔어요. 이 대나무 통은 담장 밑을 지나 성균관 밖으로 이어져 있었어요. 누군가가 대나무 통을 땅속에 길게 묻은 거였지요. 대나무 통은 비에 젖지 않게 기왓장까지 덮여 있었대요. 그런 대나무 통 속에는 문제의 노끈이 길게 이어져 있었어요.

대체 누가 무엇 때문에 이런 장치를 만든 것일까요? 그것은

바로 누군가가 나쁜 마음을 먹고 과거 시험을 잘 보려고 설치한 거였어요. 시험이 시작되면 그 유생이 시험지를 대나무 통 속에 있는 노끈에 매달았어요. 그러면 성균관 밖에서 기다리고 있던 사람이 그 노끈을 끌어당겨 시험지를 받아서 답을 단 뒤, 또다시 노끈에 묶어 돌려보냈지요. 한마디로 돈을 주고서 대리 시험을 친 거였어요!

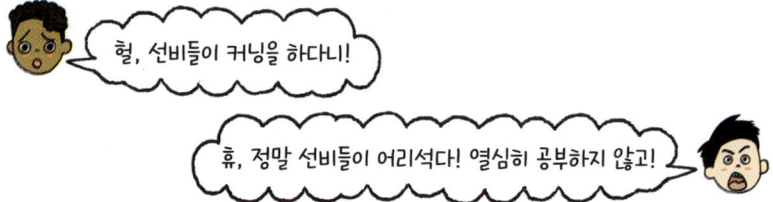

아무튼, 이 사건으로 숙종이 크게 화가 나서 범인을 잡으려고 했는데 도저히 잡을 수가 없었대요. 조선 시대에는 부정행위가 드러나면 엄격하게 처벌했어요. 부정행위를 하다가 들켜서 평생 과거 시험을 볼 수 없게 되거나 옥살이를 하는 경우도 많았지요.

이런 부정행위는 조선 후기에 자주 발생했어요. 급기야 숙종 때 기묘과옥이란 큰 사건이 벌어졌지요. '과옥'이란 과거 시험의 부정행위 때문에 일어난 범죄 사건을 가리켜요. 여기에 1699년 기묘년에 일어난 과옥이라고 해서 기묘과옥이라고 하지요.

이 사건은 숙종 때 열린 특별 과거 시험에서 엄청난 경쟁률을 뚫고 합격한 이들에 대한 상소문이 올라오면서 시작됐어요.

"전하, 이번 과거 시험에 부정행위를 저지른 자가 있다는 소문이 있습니다. 답안지를 모두 걷어서 낱낱이 조사해야 합니다."

상소를 본 숙종은 신하들에게 이 사건을 샅샅이 조사하라고 명령했어요.

그런데 무려 3년간의 조사 끝에 밝혀진 그날의 진실은 충격 그 자체였어요! 단순히 유생들 몇 명이 속임수를 쓴 게 아니라, 높은 관리들과 시험 감독관까지 조직적으로 얽혀 있었기 때문이에요.

당시 과거 시험에서는 공정한 평가를 위해 답안지에 이름을 절대 쓰지 못하게 돼 있었어요. 하지만 합격자의 시험지로 바꿔치기하거나 감독관이 답안을 고쳐 써 주거나 답안지에 비밀 표시를 해서 미리 이야기가 된 채점관에게 높은 점수를 받는 등 다양한 방법으로 부정행위가 이루어졌어요.

분노한 숙종은 그 과거 시험 전체를 무효로 돌렸어요. 그뿐만 아니라, 기묘과옥에 연관된 50여 명의 사람을 모두 관직에서 물러나게 하여 멀리 유배 보내거나 군대로 보내 버렸지요.
  그런데 왕의 이 처분을 듣고 신하들이 크게 반대했다지 뭐예요! 여기서 퀴즈!

실제로 기묘과옥 이후, 부정행위를 어떻게 처벌할지에 대한 논의가 계속 이루어졌어요. 그런데 13년 후 또 다른 사건이 일어나고 말았지 뭐예요! 이 사건을 계기로 부정행위에 조금만 관여를 했더라도 사형을 받게 되었답니다!

 으악! 커닝했다고 사형이라니!

 부정행위를 하면 사형을 당하는데, 나라도 당연히 안 하겠다!

 아우! 생각만 해도 끔찍해!

 이것은 과거 시험을 볼 때 절대로 부정행위를 하지 말라는 엄중한 경고였지요. 이렇게까지 부정행위에 대해 강력하게 처벌한 것은 훗날 같은 잘못을 되풀이하지 말라는 뜻이었어요.

 그래요! 언제나 백성들에게 모범이 돼야 하는 관료들이 잘못된 방법으로 관직에 오르게 되면, 사회적으로 큰 비난을 받을 뿐만 아니라 사회 분위기에도 나쁜 영향을 끼치게 되겠지요. 요즘과 마찬가지로 조선 시대에도 시험은 공정성이 아주 중요한 문제였어요!

5장 — 조선 최고의 인재 양성소, 성균관
성균관의 권력과 쇠락

도전선수?

자세히 보면 성균관과 반촌이 보여요.

하하! 이 지도는 〈수선전도〉라고 해요. 수선은 한양의 또 다른 이름이지요.

우리가 마지막으로 온 곳은 성균관 아래에 있는 반촌 마을이에요. 성균관 유생들은 나라에서 키우는 인재들이라서 특별 대우를 받았지요. 또한, 학생 신분임에도 권력에 맞설 수 있는 작지만 큰 힘을 가지고 있었어요. 더불어 반촌에서 모여 살면서 성균관에서 일하는 반인들도 특별 대우를 받았어요.

그러나 이처럼 특권을 누렸던 화려한 시절은 계속되지 않았어요. 갑오개혁 이후 근대식 교육이 도입되고 과거 제도가 폐지되면서 성균관은 급격히 힘을 잃기 시작했고, 급기야 일제 강점기를 거쳐 결국 몰락하고 말았어요.

최초의 대학가, 반촌

성균관 둘레에는 반수라는 개울이 있었어요. 이 반수를 따라 성균관을 에워싼 마을을 반촌이라고 하지요. 성균관을 중심으로 새로운 마을이 생긴 거였어요.

반촌은 성균관의 기숙사 방이 모자랄 경우, 유생들이 머무르는 하숙집이 되기도 하고, 지방에서 과거를 보러 온 선비들이 묵고 가는 숙소가 되기도 했어요. 또 성균관 안에 있는 식당에 자리가 없어서 밥을 먹지 못할 때 반촌에서 끼니를 해결할 수 있었어요.

↑〈도성도〉

반촌에서만큼은 성균관 유생들도 이 런저런 자유를 느낄 수 있었어요. 바둑, 장기 등 유생들한테 허용되지 않았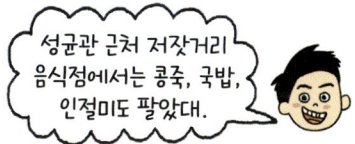
던 놀이를 즐기는가 하면, 다양한 음식도 먹을 수 있었지요. 또한, 성균관 내에서는 입에도 올릴 수 없었던 천주교 경전이나 새로운 학문을 두고 토론을 벌이기도 했어요.

이렇게 보면 반촌은 조선 최초의 대학가라고 할 수 있어요. 지금으로 치면 혜화역 주변인데, 조선 시대부터 원조 대학로였던 셈이지요.

반촌에는 성균관에 딸린 노비가 500여 명 정도 살았어요. 그들은 반인이라 불리며 조상 대대로 성균관을 돌보며 살아갔지요. 그래서 반촌은 아무나 들어와서 살 수 있는 마을이 아니었어요.

HTX VIP 보태기

성균관의 노비를 반인으로 부른 까닭
왜 성균관 노비를 반인이라고 불렀을까요? 반(泮)이란 글자는 나라의 학교라는 뜻이에요. 그래서 성균관을 '반궁'이라고도 했지요. 성균관 주변의 마을은 반촌이라 불렀고, 반촌에 사는 성균관 노비는 반인이라고 불렀어요.

반촌 남자들은 어려서는 성균관 직동으로 일했어요. 유생들의 세숫물을 떠다 주고, 성균관과 반촌을 오가며 유생들의 심부름을 도맡아 했지요. 직동들이 열여섯 살이 되어 관례를 치르면, 수복이나 서리가 되었어요.

수복은 성균관 수복청 안에서 지내면서 일 년에 두 번 공자의 제사를 준비했어요. 제사 음식을 마련하고, 대성전을 청소하며, 제사상을 차렸지요. 평상시에는 성균관을 청소하고 유생들의 식사도 준비했답니다.

또, 농사를 짓고 소를 잡아서 성균관에 음식을 대는 일도 반촌 사람들의 몫이었어요. 이처럼 반촌 사람들은 아이부터 어른까지 모두 성균관에서 일하면서 대대로 삶을 꾸려 나갔어요.

특권이 있는 마을, 반촌

나라에서는 성균관 유생들을 돌보고 공자에게 제사를 지낼 수 있게 도와주는 반인들에게 특별 대우를 해 주었어요. 그들은 어떤 특별 대우를 받았을까요?

조선 시대에는 소를 함부로 잡을 수가 없었어요. 옛날에 소는 농사짓는 데 꼭 필요한 짐승이었어요. 소를 마구 잡아 대다가 소의 숫자가 줄어들기라도 하면 농사가 어려워질 수밖에 없었지요. 따라서 소를 잡는 데는 나라의 허가가 꼭 필요했어요.

HTX VIP 한국사 보태기

반촌 사람들의 특권

반촌 사람들은 성균관에 관련된 모든 힘든 일을 도맡아 했어요. 그 대신 나라로부터 특별한 권리를 받았지요. 힘든 만큼 보상도 뒤따랐던 것이에요. 반촌 사람들은 어떤 특권을 가지고 있었을까요?

특권 1 소 도살권과 소고기 판매 독점권

한양 안에서 유일하게 소를 잡을 수 있는 곳이 반촌이었어요. 왜냐하면 제사에 올리거나 유생들의 반찬으로 써야 했기 때문이에요. 반인들은 한양에서 현방이라는 푸줏간을 독점 운영할 수 있었는데, 소고기를 팔아 많은 돈을 벌기도 했어요.

특권 2 법을 어겨도 처벌받지 않는 특별 구역

성균관은 공자와 성현들의 위패를 모시는 공간인 데다 성균관 유생들이 공부하고 있어서 아무나 함부로 드나들 수가 없었어요. 반촌 역시 성균관에 속한 곳이라서 법을 어겨도 관례적으로 처벌받지 않는 특혜를 받았지요.

하지만 반촌 사람들에게는 '소 도살권'이라는 특권이 있었어요.

또한, 반촌은 법을 어길 시에도 관례적으로 처벌받지 않는 특별한 구역이었어요. 포도청의 포졸들도 함부로 들어갈 수 없었지요. 그래서 포졸들한테 쫓기던 도둑이 반촌에 숨으면, 포졸들은 어쩔 수 없이 발길을 돌려야 했어요.

심지어는 이런 일도 있었어요. 조선 시대에는 소나무를 베는 일이 불법이었어요. 그런데 반인들이 반촌 밖에서 소나무를 베다가 들키자, 도끼로 사람을 해치고 도망갔대요.

하지만 이 반인들을 포도청은 처벌할 수가 없었어요! 포도청에서 반촌을 수색하려 했을 때, 유생들이 반대 시위를 벌였기 때문이에요. 영조는 성난 유생들을 달래느라 진땀을 뺐다고 해요.

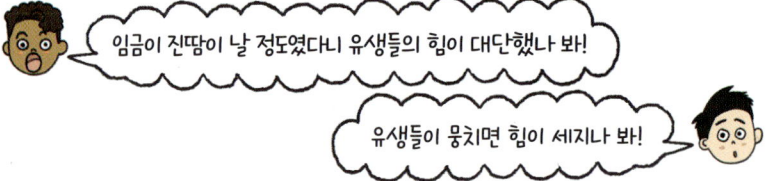

임금이 진땀이 날 정도였다니 유생들의 힘이 대단했나 봐!

유생들이 뭉치면 힘이 세지나 봐!

이처럼 죄를 저지르고도 처벌을 피할 만큼 대단한 특권을 가진 반인이었지만, 결코 자유로운 삶은 아니었어요. 반인은 성균관에 속한 노비라서 이사도 마음대로 갈 수가 없었고, 우물 안의 개구리처럼 평생을 반촌에서 살아가야 했어요. 집안 대대로 온 식구가 노비가 될 수밖에 없는 고단한 삶이었지요.

나랏일에 목소리를 낸 유생들

유생들이 시위를 벌이면 왕이 달래느라 진땀을 빼야 할 정도였다니, 유생들의 힘이 얼마나 셌는지 짐작이 가나요? 성균관 유생들은 공부에만 관심이 있는 것이 아니라, 나랏일에도 관심이 많아 적극적으로 목소리를 내기도 했답니다. 장차 높은 관료가 되는 것이 목표였던 유생들로서는 당연한 일이었겠지요?

성균관 유생들은 어떤 방법으로 나랏일에 관여했을까요? 유생들은 나랏일이 잘못되어 간다고 생각하면, 상소문을 올려 자신들의 뜻을 알렸어요. 때로는 상소가 받아들여지지 않으면, 다음 단계로 단식 투쟁에 들어갔지요. 유생들은 뜻한 바를 이루기 위해 식당에 나타나지 않았어요. 물론 수업도 거부했지요.

　유생들에게 단식 투쟁은 어떤 의미였을까요? 바로 시험을 보지 않겠다는 의지를 강력하게 표현한 것이에요. 식당에서 밥을 먹고 원점을 받아야 대과의 초시에서 관시를 볼 자격이 생기는데, 그것을 포기하겠다는 뜻이었지요. 자신들의 이익을 과감히 포기하면서까지 가치 있다고 믿는 것을 지키려는 유생들의 결심이 정말 대단하게 느껴지지 않나요?

　성균관 유생들은 단식 투쟁이 안 통하면, 다음 단계로 더 강력한 행동을 했어요. 바로 '시위'였어요. 그 시위가 가장 크게 일어난 때가 세종 때였어요. 훌륭한 임금으로 이름난 세종 시대에 시위라니, 대체 무슨 일이 있었던 걸까요?

　1448년, 세종은 경복궁에 불당을 세우라는 명령을 내렸어요. 불교를 멀리해야 하는 유교의 나라에서 궁궐 안에 불당을 짓는

다는 건 아무래도 받아들여지기 힘든 일이었어요. 당연히 대신들은 물론, 성균관 유생들까지 들고일어났지요.

그러자 세종은 이렇게 말했어요.

"대신들 말도 안 듣는 내가 너희 유생들 말을 듣겠느냐?"

세종은 과감히 불당 공사를 밀어붙였어요. 그러자 유생들은 더욱 강력히 항의했지요. 바로 '공관' 시위를 벌인 거였어요. 공관은 유생들이 자신들의 요구를 달성하고자 집단으로 성균관을 비우며 항의하는 것을 말해요. 한마디로 성균관에서 나오는 것이지요.

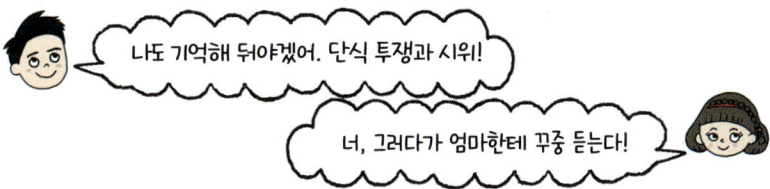

세종은 갈수록 사태가 심각해지자, 요즘의 국무총리 격인 영의정을 보내 유생들의 마음을 달래 주었대요.

이처럼 성균관 유생들은 자신들이 배우고 따르는 유교의 가치가 무너진다고 생각했을 때, 너나없이 들고일어났어요. 항상 이 시대가 나아가야 할 방향을 고민하고, 양심에 부끄럽지 않게 행동하는 지식인이 바로 성균관 유생들이었답니다.

여기서 퀴즈!

> 조정에서는
> 왜 공관 시위를 두려워하고,
> 임금조차 쩔쩔매며
> 유생들을 달래려고 했을까요?

유생들의 시위가 길어질까 봐서 달랜 게 아닐까요?

혹시 유생들이 성균관을 나갔다가 영영 돌아오지 않으면 어떡하나 걱정이 되었던 게 아니고요?

오, 맞아요! 만약 성균관이 텅텅 비어 버린다면, 무슨 문제가 생길까요?

앗! 제사를 지낼 사람이 없어져요!

맞아요! 성균관의 역할 가운데 성현들의 제사를 지내는 것이 엄청나게 중요한 일이잖아요. 그런데 공관 시위로 유생들이 떠나면, 이런 일을 할 사람도 없어지니 큰 문제일 수밖에요.

게다가 조정에서도 당대 최고의 지식인층이 내놓는 강력한 의견을 그냥 무시하고 넘어갈 수가 없었어요. 그래서 어떻게든 유생들의 시위를 막으려고 애쓴 것이지요.

역사 속에서 살아 숨 쉬는 성균관

조선 시대 최고의 교육 기관이었던 성균관! 하지만 성균관이라고 영원할 수는 없었지요. 조선 왕조가 안정되어 가면서 공을 세운 신하들의 자제에게 주는 과거와 교육 혜택이 생겨났어요. 그러면서 성균관은 권세 높은 집안의 자제들이 출세하는 통로로 전락하고 말았어요. 그리고 진정한 학문을 하지 않는다는 비판도 듣게 되었지요.

또한, 연산군이 폭정을 펼치면서 성균관은 한때 잔치를 벌이는 장소로 활용되는 수난을 겪기도 했어요. 그리고 또 비극적인 사건이 있었어요! 1592년 선조 25년에 임진왜란이 일어나 성균관이 모두 불타 버리고 만 것이에요.

그래도 임진왜란이 끝난 뒤인 1601년부터 1606년까지 대성전, 명륜당 등 주요 건물이 다시 세워졌어요. 1626년 인조 때 존경각,

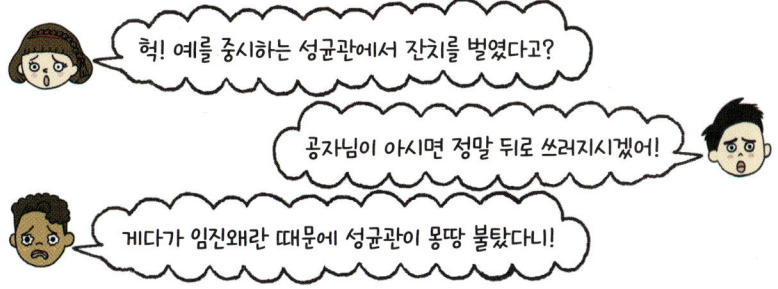

식당 등 부속 건물이 고쳐 지어졌고, 비천당과 육일각 등도 새로 지어져서 성균관의 규모가 이전보다 더 커지게 되었지요.

하지만 임진왜란 이후, 나라 살림이 어려워지는 바람에 성균관 유생의 수가 75명으로 확 줄기도 했어요. 그러다가 1742년 영조 18년에 126명으로 늘어났지요. 또 나라에서는 성균관을 다시 일으켜 세우고자 입학 자격을 다소 느슨하게 하거나 과거 시험에 대한 특혜를 늘리는 등 다양한 노력을 했어요.

그러나 이런 노력에도 불구하고 조선 후기에 성균관은 형편이 매우 어려워지며 더욱 힘을 잃어 갔어요.

시간이 흘러 1876년 고종 13년에 개항이 된 후, 성균관은 더욱 힘을 잃고 말았어요. 1887년 고종이 유학 교육을 강화하고자 성균관에 경학원을 세웠지만, 이것 역시 별 효과는 없었대요.

그래도 무엇보다 성균관에 가장 큰 타격을 준 사건은 1894년 갑오개혁 시 과거 제도가 폐지된 것이었어요.

> **갑오개혁**
> 1894년 7월부터 1896년 2월 사이에 조선이 나라의 낡은 제도를 없애고 근대 국가에 걸맞은 제도를 만들고자 추진한 개혁이다. 이때 조선은 신분제 폐지를 비롯해 정치, 경제, 사회, 문화 등 전반에 걸쳐 근대적인 제도를 도입했다.

한편 경학원이 생길 무렵, 근대식 교육이 도입되면서 배재 학당과 이화 학당 등이 생겼어요. 배재 학당은 1885년 고종 22년에 미국의 선교사 아펜젤러가 서울에 세운 학교예요. 우리나라 최초로 외국

인이 세운 근대식 중등 사립 학교이지요. 조선에 불어온 근대화의 물결을 타고 생긴 학교였어요. 이러한 상황 속에서도 성균관은 다양한 개혁을 통해 우리나라의 근대화에 이바지할 인재를 길러 내려고 애썼어요.

그러나 또다시 찾아온 결정적 위기는 바로 일제 강점기였어요. 일제는 조선의 얼이 담긴 교육을 송두리째 뿌리 뽑으려고 했어요. 이런 정책에 따라 조선 유학의 정신적 뿌리라고 여겨졌던 성균관은 또다시 암흑기를 맞이했지요.

성균관은 조선 총독부의 보조금으로 운영되면서 그들의 감독

아래 들어갔어요. 결국 1911년 조선 총독부에 의해 성균관의 이름이 경학원으로 바뀌었어요. 그 뒤로 성균관은 인재를 길러 내는 기관이 아니라, 성현들에게 제사를 지내는 역할만 담당하게 되었어요.

하지만 전국의 유학자들이 성균관을 되살리고자 들고 일어나 1930년 경학원 안에 명륜 학원을 세웠어요. 1942년 재단 법인 명륜 전문학교가 조선 총독부의 설립 허가를 받아 신입생을 뽑고 교육도 하였지요. 그런데 이듬해 일제가 태평양 전쟁에 몰두하느라 학교가 문을 닫고 말았어요.

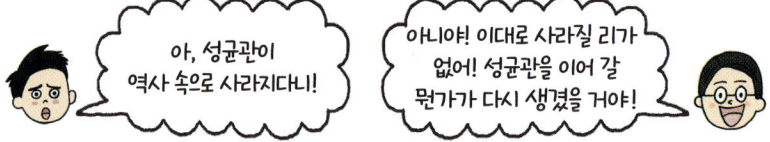

마침내 1945년 우리나라가 광복을 맞이하게 되었어요. 명륜 전문학교가 다시 살아나고, 경학원도 성균관으로 이름을 다시 회복했지요. 1946년에는 성균관 대학이 세워져 현재의 성균관대학교로 발전해 전통을 잇고 있어요.

옛 성균관은 조선의 내로라하는 수재들을 모아 유학을 가르치던 유학 교육 기관이자, 나라의 큰일을 도맡아 할 높은 관리를 길러 내는 인재 양성소였어요. 더불어 여러 성현들의 위패를

　모시고 제사를 지내는 사당 역할도 수행했지요.
　옛날의 성균관은 이제 사라지고 없지만, 조선 최고의 교육 기관이자 유학의 중심지로서 조선 왕조 500년의 역사를 지탱하는 데 큰 도움이 되었던 성균관은 우리의 역사 속에서 영원히 살아 숨 쉴 거예요!

"모두 세 번째 한국사 여행을 하는 동안 성균관에 푹 빠졌던 모양이에요. 이조선 교수님은 어땠나요?"

한 쌤이 매직 미러 작동 버튼을 끄며 말했어요.

"조선 최고의 교육 기관인 성균관이 역사의 소용돌이 속에서 점차 기능을 잃고 사라진 것이 무척 아쉽네요. 만약 성균관이 지금까지 이어져 내려오고 있다면, 그 모습은 어땠을까 궁금하기도 하고요."

이조선 교수님이 아쉬워하며 말했어요.

"상상만 해도 멋진걸요! 수백 년의 전통을 자랑하는 대한민국의 명문 대학교, 성! 균! 관!"

마이클이 흥을 돋우며 말하자, 만세도 신이 나서 끼어들었어요.

"오, 내가 만약 성균관에 입학한다면, 난 퇴계 이황과 동문이 되는 거네? 히히!"

"그럴 리가! 네가 성균관에 들어갈 수 있다고? 소과 시험에 합격할 수 있겠어?"

여주가 만세의 흐뭇한 상상을 와장창 깨며 말했어요.

"아, 맞다! 까먹었네! 조선 시대에 과거 시험에 통과하기란 너무너무 어려운 일이란 걸! 심지어 아흔 살에 대과에 합격한 사람도 있었다며? 내가 만약 과거 시험에 도전했다면, 백 살을 먹어도 합격할까 말까겠지?"

만세가 시무룩하게 고개를 떨구며 말했어요.

그러자 이조선 교수님이 다정한 눈빛으로 말했어요.

"아니, 만세도 잘할 수 있어요! 성균관을 빛낸 위인들인 퇴계 이황과 율곡 이이, 다산 정약용이 훌륭한 공부법을 알려 주었잖아요?"

"아, 맞다! 반복하고, 정독하고, 기록하고, 또 뭐더라?"

"자기 주도 학습!"

만세의 말에 마이클이 냉큼 대답했어요.

"그래요! 어떻게 하면 공부를 잘할까 하는 고민이 들 때마다 성균관 유생들도 우리와 똑같은 고민을 했다는 것을 떠올려 보세요! 유생들이 애써 흘린 땀과 노력을 생각하면 조금은 의지가 될 거예요. 또한, 성균관은 조선의 미래였어요! 성균관 유생들의 끝없는 학구열이 조선을 이끄는 힘이 되었고, 그 덕분에 500년 역사의 조선이 존재할 수 있었어요."

한 쌤이 눈시울을 붉히며 말했어요.

"한 쌤 말이 맞아요! 옛날부터 지금까지 교육은 나라의 미래에 큰 영향을 끼쳤어요. 우리 조상들은 훌륭한 인재를 길러 내고자 성균관을 세웠고, 전국에서 모인 수재들에게 아낌없는 지원을 베풀었어요. 그 덕분에 퇴계 이황, 율곡 이이, 다산 정약용 같은 훌륭한 인재들을 계속 배출할 수 있었죠. 여러분도 성균관 유생들처럼 나라의 중요한 인재들이 되길 바라요!"

이조선 교수님이 말하자, 아이들이 힘차게 대답했어요.

"네!"

한 쌤도 빙긋 웃으며 말했어요.

"자, HTX와 안녕해야 할 시간이에요. 다음 여행은 더 기대해도 좋아요! 다음번 벌거벗은 한국사 여행을 기약하며, HTX에서 또 만나요! 안녕!"

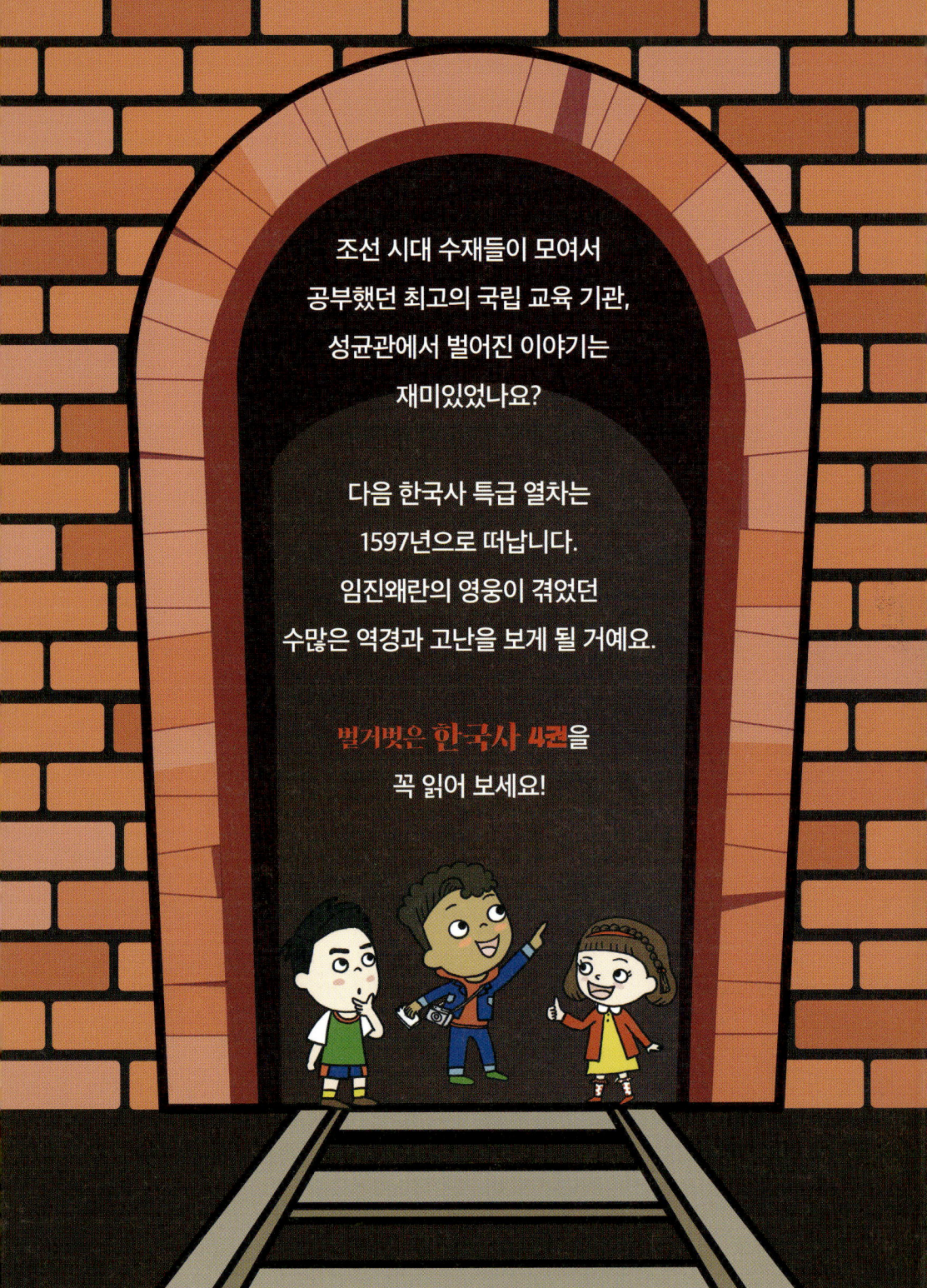

역사 정보

❶ 시대 배경 살펴보기
❷ 인물 다르게 보기
❸ 또 다른 역사 인물들

◈ 주제 마인드맵

벌거벗은 한국사 퀴즈
◈ 성균관의 이모저모 편
◈ 과거 시험 편
◈ 정답

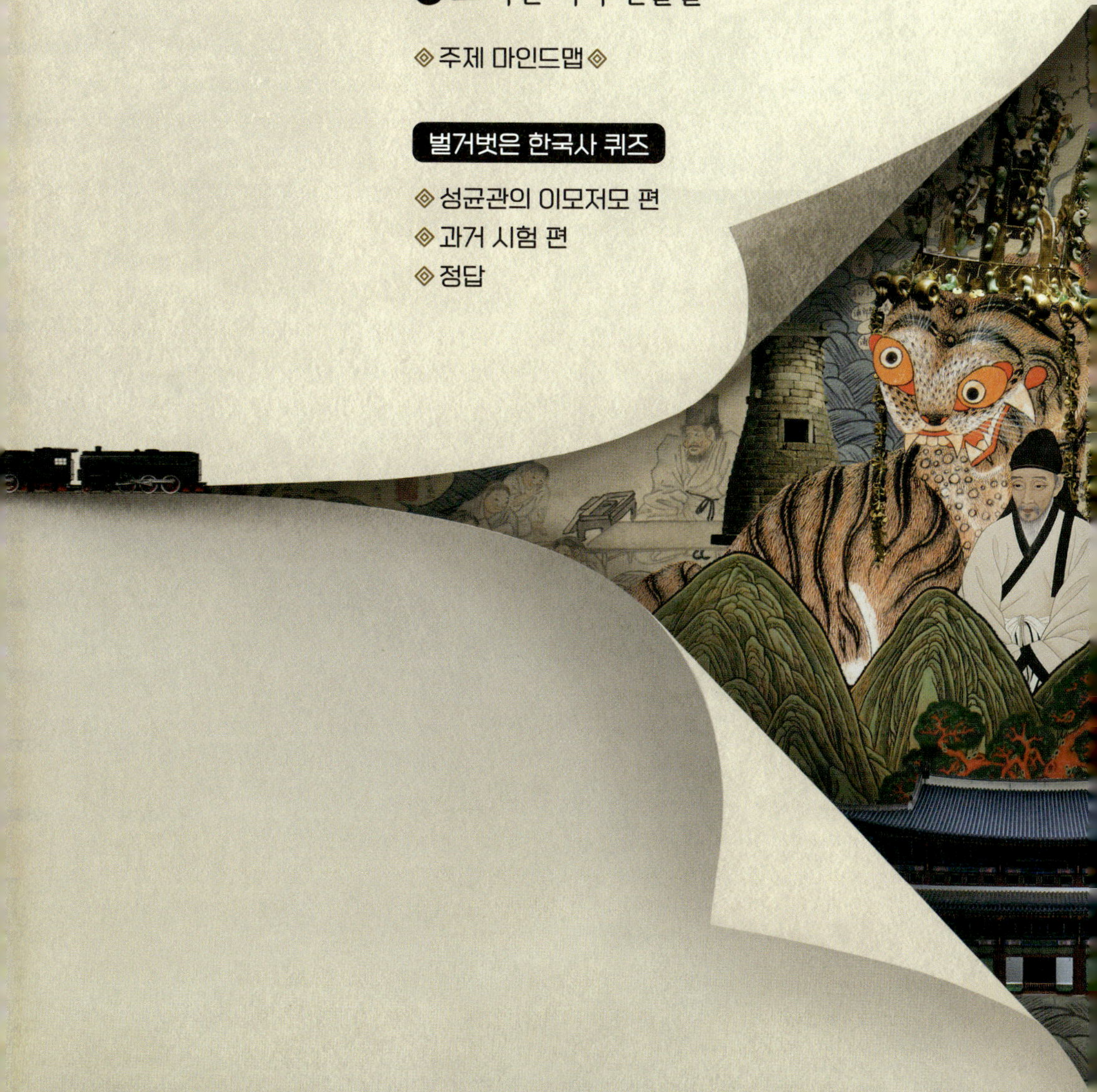

조선의 뿌리는 유학, 유학의 중심지가 된 성균관

성균관은 조선 시대 최고의 교육 기관이었어요. 그런데 성균관이 조선 시대에만 있었던 것은 아니에요. 고려 시대에도 성균관이 있었지요. 하지만 조선 시대에 들어 성균관이 최고의 교육 기관으로서 빛을 발한 것은 어떤 시대적 배경 때문이었을까요?

조선의 기본 정신, 배불 숭유 정책

어느 시대에나 나라를 대표하는 국립 교육 기관은 존재했어요. 그 중에서도 조선 시대의 성균관이 빛을 발한 까닭이 있었어요. 고려 말에 불교가 잘못된 길로 빠져들어 나라가 어지러워지자, 이성계와 신진 사대부들이 중심이 되어 조선을 건국했어요.

조선 개국의 일등 공신인 정도전은 유학의 한 파인 성리학을 나라의 지도 이념으로 내세웠어요. 그리고 백성들의 정신을 새롭게 하고자 배불 숭유 정책을 펼쳤지요. 배불 숭유 정책은 불교를 배척하고 유교를 숭상하던 조선 시대의 기본 정책으로, 숭유억불을 말하기도 해요.

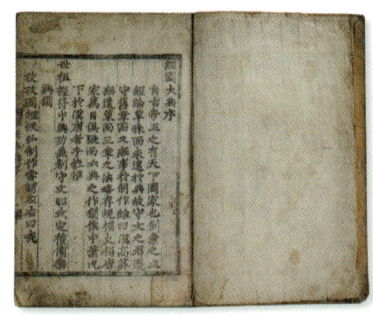
↑〈경국대전〉

대표적으로 조선의 제9대 왕 성종은 유교 질서를 확립하고자〈경국대전〉을 반포했어요.〈경국대전〉은 유학 사상을 바탕으로 나라를 다스리는 데 기초가 되는 법을 종합하여 정리한 법전이랍니다.

유교 사상으로 무장한 인재를 배출하는 성균관

신진 사대부들은 조선의 통치 질서를 바로 세우는 방법으로 교육을 선택했어요. 교육을 통해서 성리학이 가진 생각을 널리 퍼뜨리고 인재를 길러 내려고 했지요. 그 막중한 일이 이루어지는 곳이 바로 성균관이었어요!

성균관은 공자와 성현들에게 제사를 지내는 사당이면서 유학을 교육해 나라에서 필요한 인재를 길러 내는 양성소 역할을 했어요. 성균관에서 유학을 공부했던 퇴계 이황, 율곡 이이 같은 위인들 덕분에 조선의 성리학이 체계화되었지요. 덕분에 성균관은 유학의 중심지가 되었고, 조선의 기틀을 세우는 데 큰 역할을 했답니다.

벼슬자리를 자꾸 사양한 이황

이황은 조선의 제11대에서 제14대에 이르는 임금을 고루 섬겼어요.
그런데 이황은 평생 관직에만 있지는 않았어요.
다른 벼슬아치들과는 다르게 관직을 그만두었다가 다시 돌아오기를
수없이 반복했지요. 왜 그랬을까요?

이황이 관직에 늦게 오른 이유는?

어머니의 권유로 한양에 와서 성균관에 첫발을 내디딘 이황은 처음에 성균관의 분위기에 몹시 실망했어요. 유생들이 공부보다는 벼슬자리를 얻는 데 급급했기 때문이지요.

그렇게 된 까닭을 이해하지 못한 것은 아니었어요. 연산군 때 일어난 무오사화와 갑자사화, 뒤이어 중종 때 일어난 기묘사화로 뜻 있는 선비들이 많이 희생됐거든요. 이런 사건들을 겪으며 선비로서 옳은 뜻을 펼치려는 유생들의 의지가 사라졌고, 성균관의 분위기도 가라앉고 만 것이에요.

남들이 뭐래도 난 학문에만 몰두할 거야!

하지만 이황은 흔들리지 않고 오직 학문에만 몰두했어요. 책을 손에서 놓지 않고 늘 바른 자세로 공부했지요.

이황은 주변의 권유로 과거를 보았지만, 학문에만 파고든 탓에

History information

연거푸 시험에서 떨어졌어요. 그러다가 고향에 내려갔다가 올라오기를 여러 차례, 그사이 과거 시험에 붙기도 했지만, 관직보다는 학문이 좋아서 다시 고향으로 내려갔어요.

결국 1534년 대과 시험에 당당히 합격해서 외교 문서를 관리하는 승문원 부정자로 임명됐어요. 그 뒤 이황은 나라의 정치가 어지러워지자 관직을 내려놓기를 거듭했어요. 고향에 내려가서는 학문 연구와 제자 양성에 힘썼지요.

이황이 벼슬자리를 거듭 사양한 이유는?

임금들은 그런 이황을 가만히 놔두지 않았어요. 다양한 관직을 내리며 돌아오라고 간절히 부탁했지요. 이황은 명종의 연이은 청을 거절하지 못해 1552년 성균관 대사성이 됐어요. 그 뒤로도 갖가지 주어진 관직을 애써 사양하거나 사직과 복직을 반복하며 벼슬자리를 멀리했어요. 선조가 이황을 곁에 두려고 끊임없이 애썼지만, 결국 이황은 고향으로 돌아갔지요.

이황은 오랫동안 관직에 머물렀지만, 현실 정치보다는 학문 연구와 제자 양성에 더 큰 뜻이 있었어요. 그런 이황이기에 사직과 복직을 반복했던 것이 아닐까요?

성균관이 배출한 인재들

성균관은 이황 말고도 훌륭한 위인을 여럿 배출했어요. 학문에 대한 열정과 나라 사랑으로 조선 왕조 500년을 이끈 주역들에는 어떤 인물들이 있었을까요?

조선 중기의 개혁주의자 율곡 이이(1536년~1584년)

조선의 위대한 학자이자 문신이며, 호는 율곡이에요. 퇴계 이황과 함께 조선을 대표하는 학자로 손꼽히지요. 이황이 성리학의 체계를 세우고 제자를 길렀다면, 이이는 현실 정치에 참여해 개혁을 추진했어요.

어릴 때부터 글솜씨가 뛰어나고 머리가 좋았던 이이는 열세 살 때 진사 초시에 합격하고, 스물셋이 되던 해 별시에서 〈천도책〉을 지어 장원 급제했어요. 스물아홉 살 때부터 관직에 올라 대사헌과 대제학, 병조 판서 등을 두루 지냈고, 명종과 선조 임금을 모시며 여러 가지 사회 개혁 정책을 추진했어요.

↑율곡 이이 동상

위대한 실학자, 다산 정약용(1762년~1836년)

조선 후기의 실학자이며, 호는 다산이에요. 정약용은 스물두 살에 성균관에 입학한 뒤, 스물여덟 살에 대과에서 2등으로 합격해 벼슬길에 올랐어요. 성균관에 다닐 때 이미 정조의 눈에 들어서 관직에 나아가 정조의 여러 개혁 정책들을 도왔지요.

그런데 정조가 세상을 떠난 뒤, 서학에 관심을 두었던 일이 꼬투리가 되어 천주교도를 탄압했던 신유박해 때 강진으로 유배되었어요. 거기서 정약용은 세상을 떠나기 전까지 〈경세유표〉와 〈목민심서〉 등 무려 500여 권의 책을 남겼어요. 이런 책들을 통해 실학사상을 체계적으로 정리하고, 사회를 개혁시킬 방법들을 보여 주었어요.

근대 역사학의 아버지, 단재 신채호(1880년~1936년)

조선 말기와 일제 강점기의 역사가이자, 언론인, 독립운동가예요. 호는 단재이지요. 글솜씨가 뛰어나 신동으로 불린 신채호는 성균관에 들어가 학문 연구에 힘썼어요. 스물여섯 살이 되던 1905년 2월 성균관 박사가 되었으나, 관직에 나아가지 않고 〈황성신문〉의 기자가 되었어요.

애국 계몽 운동에 힘쓰던 신채호는 스물여덟 살 무렵, 항일 비밀 결사 단체인 신민회에 참여했어요. 이후 신채호는 대한민국 임시 정부를 비롯해 많은 독립운동 단체에서 일했답니다.

주제 마인드맵

조선 시대 최고의 국립 교육 기관, 성균관

성균관은 단순한 교육 기관이 아니었어요. 조선의 정신적 뿌리인 유학을 바로 세우고, 백성들에게 유학을 널리 퍼뜨리는 중요한 역할을 맡았지요. 성균관은 또 어떤 역할을 담당했을까요?

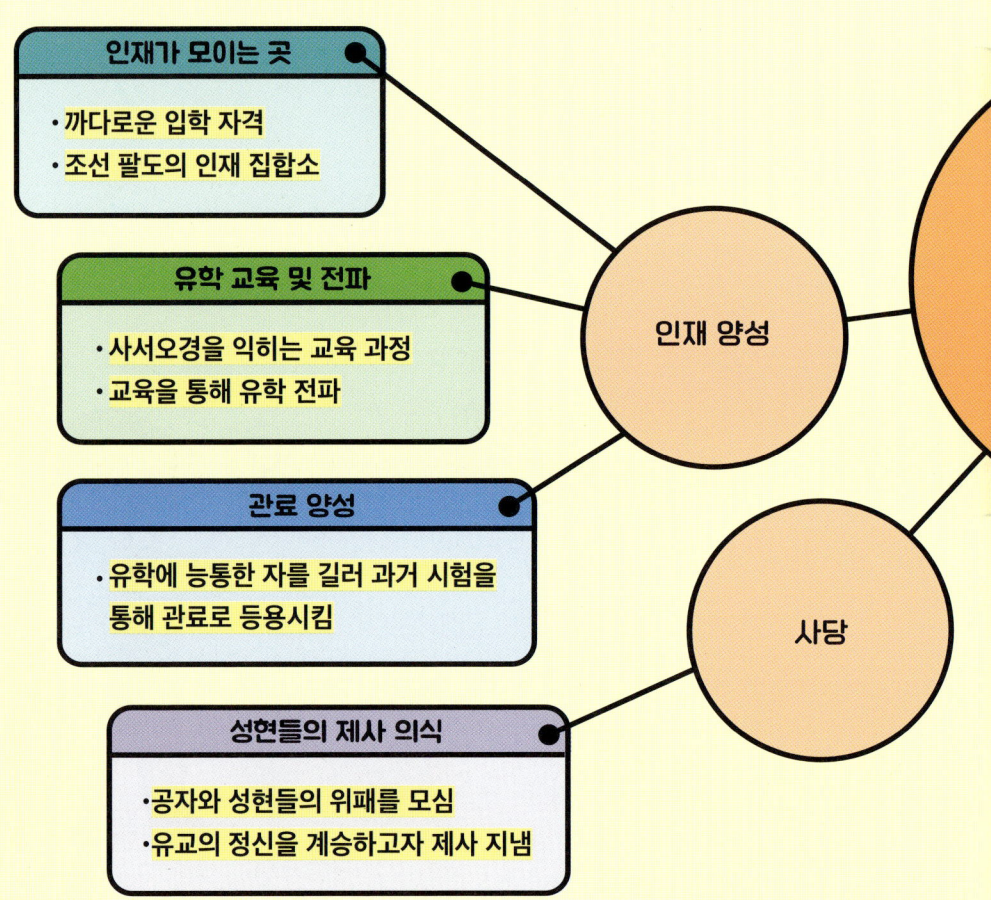

인재가 모이는 곳
- 까다로운 입학 자격
- 조선 팔도의 인재 집합소

유학 교육 및 전파
- 사서오경을 익히는 교육 과정
- 교육을 통해 유학 전파

관료 양성
- 유학에 능통한 자를 길러 과거 시험을 통해 관료로 등용시킴

성현들의 제사 의식
- 공자와 성현들의 위패를 모심
- 유교의 정신을 계승하고자 제사 지냄

인재 양성

사당

벌거벗은 한국사 퀴즈 과거 시험 편

한국사능력검정시험 제15회 고급 23번

 다음 가상 일과표의 밑줄 그은 ㉠에 대한 설명으로 옳은 것은? (   )

① 3년마다 정기적으로 시행되었다.
② 왕의 문묘 참배 후 성균관에서 실시되었다.
③ 세자 책봉 등 나라에 경사가 있을 때 치러졌다.
④ 역과, 의과, 율과 응시자들을 대상으로 하였다.
⑤ 학덕이 높은 유생들을 추천받아 관리로 등용하였다.

 아래와 같은 독서법에 대한 명언을 남긴 학자는? (　　)

> (　　)의 독서법
> 책을 읽을 때에는 마땅히 그 뜻을 밝히는 데 힘써야 한다. 말과 문자에만 매달리는 공부가 되어서는 안 된다.

①  퇴계 이황　　②  율곡 이이

③  다산 정약용　　②  포은 정몽주

 유생들이 독서할 때 썼던 물건의 이름은? (　　)

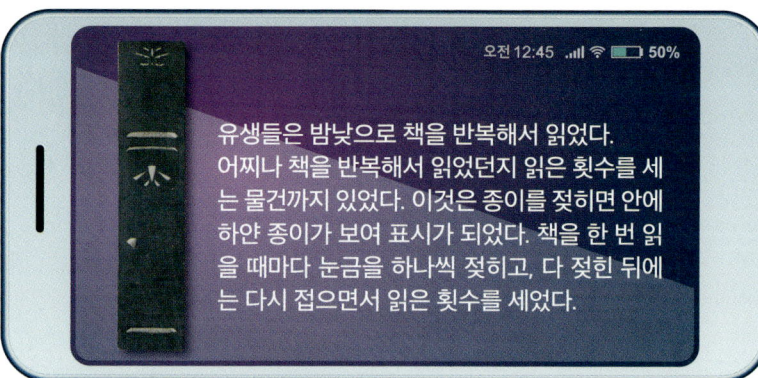

① 도기　② 문진　③ 문방사우　④ 서산

벌거벗은 한국사 퀴즈 성균관의 이모저모 편

한국사능력검정시험 제46회 중급 29번

 다음 발표에 해당하는 교육 기관으로 옳은 것은? (   )

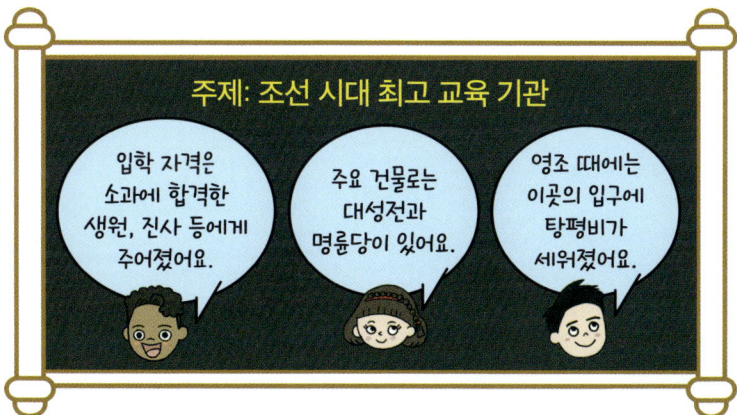

주제: 조선 시대 최고 교육 기관

- 입학 자격은 소과에 합격한 생원, 진사 등에게 주어졌어요.
- 주요 건물로는 대성전과 명륜당이 있어요.
- 영조 때에는 이곳의 입구에 탕평비가 세워졌어요.

① 서당 ② 동문학 ③ 성균관 ④ 사부 학당 ⑤ 육영 공원

 유생들이 벌였던 시위에 대해 알맞게 설명한 그림을 짝지으시오.

① 단식 투쟁
식당에 가지 않으며 수업을 거부하는 것이다.

② 공관 시위
집단으로 성균관을 비우며 항의하는 것이다.

㉠

㉡

History information

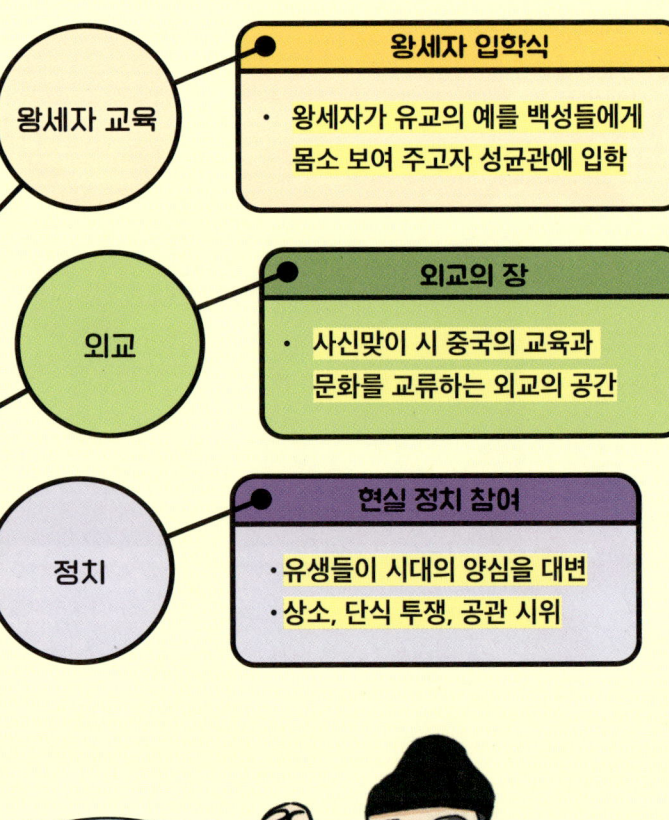

129

History information

 홍패에 대한 설명으로 옳은 것은? ( )

① 성인 남자의 신분증
② 대과 시험 합격자에게 준 증서
③ 말을 빌리는 데 필요한 증표
④ 관직 임명장

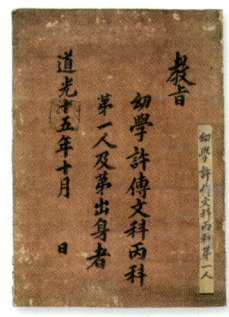

 과거 시험의 단계별로 몇 명을 뽑았는지 괄호 안에 쓰시오.

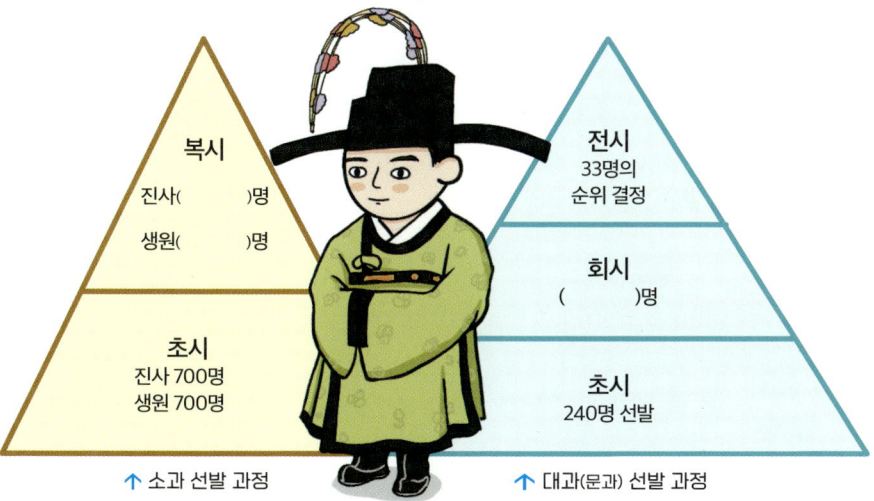

벌거벗은 한국사 퀴즈 정답

성균관의 이모저모 편

  ③ 성균관

① 단식 투쟁
식당에 가지 않으며 수업을 거부하는 것이다.

② 공관 시위
집단으로 성균관을 비우며 항의하는 것이다.

  ① 퇴계 이황

  ④ 서산

과거 시험 편

 ② 왕의 문묘 참배 후 성균관에서 실시되었다.

 ② 대과 시험 합격자에게 준 증서

 소과 복시: 진사 100명, 생원 100명

대과 회시: 33명

사진 출처

14쪽 천 원권_국립민속박물관
18쪽 명륜당_문화재청
19쪽 수원 향교 공자상_문화재청
20쪽 개성 성균관_위키미디어
23쪽 〈왕세자 입학도〉_국립고궁박물관
27쪽 대성전_문화재청
29쪽 석전대제_게티이미지뱅크
31쪽 〈천사반차도〉_
　　　서울대학교 규장각한국학연구원
32쪽 동재_문화재청
40~41쪽 〈반궁도〉_서울역사박물관
45쪽 오천 원권_국립민속박물관
57쪽 김홍도 〈그림 감상〉_국립중앙박물관
64쪽 존경각_문화재청
65쪽 〈논어언해〉_디지털한글박물관
73쪽 서산_국립전주박물관

80쪽 〈사람의 일생〉_국립중앙박물관
83쪽 김홍도 〈서당〉_국립중앙박물관
88쪽 백패_국립중앙박물관
88쪽 홍패_국립중앙박물관
100쪽 〈수선전도〉_문화재청
102쪽 〈도성도〉_국립중앙박물관
113쪽 배재 학당_문화재청
115쪽 비천당과 600주년 기념관_
　　　위키미디어
123쪽 〈경국대전〉_국립민속박물관
126쪽 율곡 이이 동상_최광모,
　　　위키미디어

벌거벗은 한국사
❸ 조선의 명문 대학 성균관

기획 tvN STORY 〈벌거벗은 한국사〉 제작진 | 글 이선영 | 그림 이효실 | 감수 이상무

1판 1쇄 인쇄 | 2023년 7월 15일
1판 1쇄 발행 | 2023년 7월 19일

펴낸이 | 김영곤
이사 | 은지영
키즈스토리본부장 | 김지은
키즈스토리1팀 기획개발 | 장선아 채현지 이희성
아동마케팅영업본부장 | 변유경
아동마케팅1팀 | 김영남 황혜선 이규림 정성은
아동마케팅2팀 | 임동렬 이해림 최윤아 손용우
아동영업팀 | 한충희 강경남 오은희 김규희 황성진
디자인 | 박수진 **구성** | 박경선 **제작** | 이영민 권경민

펴낸곳 | (주)북이십일 아울북
등록번호 | 제406-2003-061호 **등록일자** | 2000년 5월 6일
주소 | 경기도 파주시 회동길 201(문발동) (우 10881)
전화 | 031-955-2145(기획개발), 031-955-2100(마케팅·영업·독자문의)
브랜드 사업 문의 | license21@book21.co.kr
팩시밀리 | 031-955-2177
홈페이지 | book21.com

ISBN 978-89-509-4301-1
ISBN 978-89-509-4298-4(세트)

Copyright©2023 Book21 아울북·CJ ENM. ALL RIGHTS RESERVED.
이 책을 무단 복사·복제·전재하는 것은 저작권법에 저촉됩니다.

* 잘못 만들어진 책은 구입하신 서점에서 교환해 드립니다.
* 가격은 책 뒤표지에 있습니다.

⚠ **주의** 1. 책 모서리가 날카로워 다칠 수 있으니 사람을 향해 던지거나 떨어뜨리지 마십시오.
　　　　 2. 보관 시 직사광선이나 습기 찬 곳을 피해 주십시오.

・제조자명 : (주)북이십일
・주소 및 전화번호 : 경기도 파주시 회동길 201(문발동)/031-955-2100
・제조연월 : 2023.7.19
・제조국명 : 대한민국
・사용연령 : 3세 이상 어린이 제품

・**일러두기** 이 책에 나오는 지명과 인명은 《표준국어대사전》을 따라 표기하였고,
　　　　　　규범 표기가 미확정일 경우 감수자의 자문을 거쳐 학계의 표기를 따랐습니다.